"新工程管理"系列丛书

智慧建造：区块链理论及应用

薛小龙　著

中国建筑工业出版社

图书在版编目（CIP）数据

智慧建造：区块链理论及应用 / 薛小龙著.
北京：中国建筑工业出版社，2024. 7. -- （"新工程管理"系列丛书）. -- ISBN 978-7-112-29901-0

Ⅰ．F284

中国国家版本馆 CIP 数据核字第 202470GW74 号

本书全景式揭示了区块链技术赋能工程项目管理的创新路径，提出了一种基于区块链的工程项目管理模式。结合工程项目管理的特点和业务需求，总结了区块链技术对工程项目管理的价值和应用的可行性；从政策支持、理论研究、案例应用三个方面系统梳理了区块链在工程项目管理中应用的现状；对区块链在工程项目管理中应用的潜在场景进行了分析，比如在混凝土质量检测和危大工程安全管控中的应用，并结合实际案例，展示了工程项目区块链系统的开发过程与应用情况。本书可供工程管理相关人员研究参考。

责任编辑：曾　威　张　磊
责任校对：赵　力

"新工程管理"系列丛书
智慧建造：区块链理论及应用
薛小龙　著

*

中国建筑工业出版社出版、发行（北京海淀三里河路9号）
各地新华书店、建筑书店经销
北京科地亚盟排版公司制版
建工社（河北）印刷有限公司印刷

*

开本：787毫米×1092毫米　1/16　印张：9½　字数：176千字
2024年8月第一版　　2024年8月第一次印刷
定价：58.00元
ISBN 978-7-112-29901-0
（43031）

版权所有　翻印必究
如有内容及印装质量问题，请与本社读者服务中心联系
电话：（010）58337283　　QQ：2885381756
（地址：北京海淀三里河路9号中国建筑工业出版社604室　邮政编码：100037）

"新工程管理"系列丛书

顾问委员会 （按姓氏笔画排序）

丁烈云　刘加平　杜彦良　肖绪文　陈晓红　周福霖

指导委员会 （按姓氏笔画排序）

王元丰　王红卫　王要武　毛志兵　方东平　申立银　乐　云　成　虎
朱永灵　刘伊生　刘晓君　李启明　李明安　李秋胜　沈岐平　陈勇强
尚春明　骆汉宾　盛昭瀚　曾赛星

编写委员会 （按姓氏笔画排序）

主任　薛小龙
副主任　王长军　王学通　王宪章　邓铁新　卢伟倬　兰　峰　刘　洁
刘俊颖　闫　辉　关　军　孙　峻　孙成双　孙喜亮　李　迁　李小冬
李玉龙　李永奎　杨　静　杨洪涛　吴昌质　张劲文　张晓玲　张晶波
张静晓　范　磊　林　翰　周　红　周　迎　赵泽斌　姜韶华　洪竞科
骆晓伟　袁竞峰　高星林　郭红领　彭　毅　满庆鹏　樊宏钦
委员　丛书中各分册作者

工作委员会 （按姓氏笔画排序）

主任：王玉娜　薛维锐
委员：于　涛　及炜煜　王　亮　王泽宇　王悦人　王璐琪　冯凯伦　朱　慧
宋向南　张元新　张鸣功　张瑞雪　罗　廷　季安康　宫再静　琚倩茜
窦玉丹　廖龙辉

丛书编写委员会主任委员与副主任委员所在单位（按单位名称笔画排序）

大连理工大学建设管理系
广州大学管理学院
天津大学管理与经济学部
中央财经大学管理科学与工程学院
中国建筑国际集团有限公司建筑科技研究院
中国建筑（南洋）发展有限公司工程技术中心
中国建筑集团有限公司科技与设计管理部
长安大学经济与管理学院
东北林业大学土木工程学院
东南大学土木工程学院
北京中建建筑科学研究院有限公司
北京交通大学土木建筑工程学院
北京建筑大学城市经济与管理学院
西安建筑科技大学管理学院
同济大学经济与管理学院
华中科技大学土木与水利工程学院
华东理工大学商学院
华南理工大学土木与交通学院
南京大学工程管理学院
南京审计大学信息工程学院
哈尔滨工业大学土木工程学院、经济与管理学院
香港城市大学建筑学与土木工程学系
香港理工大学建筑及房地产学系
重庆大学管理科学与房地产学院
浙江财经大学公共管理学院
清华大学土木水利学院
厦门大学建筑与土木工程学院
港珠澳大桥管理局
瑞典于默奥大学建筑能源系
澳大利亚皇家墨尔本理工大学建设、房地产与项目管理学院

"新工程管理"系列丛书总序

立足中国工程实践，创新工程管理理论

  工程建设是人类经济社会发展的基础性、保障性建设活动。工程管理贯穿工程决策、规划、设计、建造与运营的全生命周期，是实现工程建设目标过程中最基本、普遍存在的资源配置与优化利用活动。人工智能、大数据、物联网、云计算、区块链等新一代信息技术的快速发展，促进了社会经济各领域的深刻变革，正在颠覆产业的形态、分工和组织模式，重构人们的生活、学习和思维方式。人类社会正迈入数字经济与人工智能时代，新技术在不断颠覆传统的发展模式，催生新的发展需求的同时，也增加了社会经济发展环境的复杂性与不确定性。作为为社会经济发展提供支撑保障物质环境的工程实践也正在面临社会发展和新技术创新所带来的智能、绿色、安全、可持续、高质量发展的新需求与新挑战。工程实践环境的新变化为工程管理理论的创新发展提供了丰富的土壤，同时也期待新工程管理理论与方法的指导。

  工程管理涉及工程技术、信息科学、心理学、社会学等多个学科领域，从学科归属上，一般将其归属于管理学学科范畴。进入数字经济与人工智能时代，管理科学的研究范式呈现几个趋势：一是从静态研究（输入—过程—输出）向动态研究（输入—中介因素—输出—输入）的转变；二是由理论分析与数理建模研究范式向实验研究范式的转变；三是以管理流程为主的线性研究范式向以数据为中心的网络化范式的转变；主要特征表现为：数据与模型、因果关系与关联关系综合集成的双驱动研究机制、抽样研究向全样本转换的大数据全景式研究机制、长周期纵贯研究机制等新研究范式的充分应用。

  总结工程管理近 40 年的发展历程，可以看出，工程管理的研究对象、时间范畴、管理层级、管理环境等正在发生明显变化。工程管理的研究对象从工程项目开始向工程系统（基础设施系统、城市系统、建成环境系统）转变，时间范畴从工程建设单阶段向工程系统全生命周期转变，管理层级从微观个体行为向中观、宏观系统行为转变，管理环境由物理环境（Physical System）向信息物理环

境（Cyber-Physical System）、信息物理社会环境（Cyber-Physical Society）转变。这种变化趋势更趋于适应新工程实践环境的变化与需求。

我们需要认真思考的是，工程管理科学研究与人才培养如何满足新时代国家发展的重大需求，如何适应新一代信息技术环境下的变革需求。我们提出"新工程管理"的理论构念和学术术语，作为回应上述基础性重大问题的理论创新尝试。总体来看，在战略需求维度，"新工程管理"应适应新时代社会主义建设对人才的重大需求，适应新时代中国高等教育对人才培养的重大需求，以及"新工科""新文科"人才培养环境的变化；在理论维度，"新工程管理"应体现理论自信，实现中国工程管理理论从"跟着讲"到"接着讲"，再到"自己讲"的转变，讲好中国工程故事，建立中国工程管理科学话语体系；在建设维度，"新工程管理"应坚持批判精神，体现原创性与时代性，构建新理念、新标准、新模式、新方法、新技术、新文化，以及专业建设中的新课程体系、新形态教材、新教学内容、新教学模式、新师资队伍、新实践基地等。

创新驱动发展。我们组织编写的"新工程管理"系列丛书的素材，一方面来源于我们团队最近几年开展的国家自然科学基金、国家重点研发计划、国家社会科学基金等科学研究项目成果的总结提炼，另一方面来源于我们邀请的国内外在工程管理某一领域具有较大影响的学者的研究成果，同时，我们也邀请了在国内工程建设行业具有丰富工程实践经验的行业企业和专家参与丛书的编写和指导工作。我们的目标是使这套丛书能够充分反映工程管理新的研究成果和发展趋势，立足中国工程实践，为工程管理理论创新提供新视角、新范式，为工程管理人才培养提供新思路、新知识、新路径。

感谢在本丛书编撰过程中提出宝贵意见和建议，提供支持、鼓励和帮助的各位专家，感谢怀着推动工程管理创新发展和提高工程管理人才培养质量的高度责任感积极参与丛书撰写的各位老师与行业专家，感谢积极在科研实践中刻苦钻研为丛书撰写提供重要资料的博士和硕士研究生们，感谢哈尔滨工业大学、中国建筑集团有限公司和广州大学各位同事提供的大力支持和帮助，感谢各参编与组织单位为丛书编写提供的坚强后盾和良好环境。我们尝试新的组织模式，不仅邀请国内常年从事工程管理研究和人才培养的高校的中坚力量参与丛书的编撰工作，而且，丛书选题经过精心论证，按照选题将编写人员进行分组，共同开展研究撰写工作，每本书的主编由具体负责编著的作者担任。我们坚持将每个选题做成精品，努力做到能够体现该选题的最新发展趋势、研究动态和研究水平。希望本丛书起到抛砖引玉的作用,期待更多学术界和业界同行积极投身到"新工程管理"理论、方法与应用创新研究的过程中,把中国丰富的工程实践总结好,为构建具有"中国特色、中国风格、中国气派"的工程管理科学话语体系,为建设智能、可持续的未来添砖加瓦。

薛小龙
2020年12月于广州小谷围岛

前　言

住房和城乡建设部于2022年初发布了《"十四五"建筑业发展规划》，明确提出将"建筑工业化、数字化、智能化水平大幅提升"作为建筑业"十四五"时期的发展目标之一。以工程大数据为基础，综合运用新一代信息技术的智慧建造是实现这一目标的重要手段。其中一项技术就是区块链技术。区块链技术已被纳入国家信息化规划。作为一种分布式数据库技术，区块链能够保证数据的安全性和可靠度，更好地实现工程项目管理中数据的管理、交易和追溯，助力智慧建造，推动建筑业的数字化转型和高质量发展。

本书基于客观的建筑业区块链理论研究及应用成果大数据，全景式揭示区块链技术赋能工程项目管理的创新路径，并结合实际应用案例，提出了一种基于区块链的工程项目管理模式，为应用区块链技术开展智慧建造提供了思路。

第一，本书归纳了区块链的概念和内涵，回顾了区块链的发展历史。结合工程项目管理的特点和业务需求，总结了区块链技术对工程项目管理的价值和应用的可行性。

第二，本书从政策支持、理论研究、案例应用三个方面系统梳理了区块链在工程项目管理中应用的现状。对国内外建筑业区块链相关政策进行了内容分析和量化分析，总结了建筑业区块链相关政策数量、政策内容、政策效力的时间和空间分布及演化路径，揭示了建筑业区块链政策创新发展情况；采用文献计量学的方法，分析建筑业区块链研究的机构合作网络、作者合作网络及关键词共现网络的知识图谱，分析当前国内外建筑业区块链领域的研究热点与发展趋势，揭示了建筑业区块链研究创新发展情况；选取国内外典型案例，从内容和场景等方面揭示区块链在工程项目管理实践中的应用现状。

第三，本书总结了区块链对创新管理理论与管理模式的影响，并从微观、中观、宏观三个层面分析了区块链对工程管理模式的革新作用，探讨了区块链技术赋能工程项目管理的创新路径。

第四，本书对区块链在工程项目管理中应用的潜在场景进行了分析。包括：招标投标管理等策划阶段的应用场景，建筑材料管理等工程实施阶段的应用场景，覆盖工程项目全生命周期的建筑供应链管理等应用场景，以及装配式建筑等其他应用场景。

第五，本书在对区块链技术原理分析的基础上，提出了工程管理区块链架构设计，进一步构建了工程管理区块链核心技术体系，并探讨了工程区块链技术在混凝土质量检测和危大工程安全管控中的应用。

第六，本书结合课题组将区块链技术应用于工程项目管理中的实际案例，展示了工程项目区块链系统的开发过程与应用情况，为区块链赋能工程项目的路径提供了模式示范。

本书是中国建筑股份有限公司科技研发课题"基于区块链的工程项目安全与质量管控基础理论、关键技术及应用研究"（课题编号：CSCEC-2020-Z-12）的子课题"区块链技术在工程建设领域应用的基础性理论及应用研究"的重要研究成果之一。感谢课题承担单位北京中建建筑科学研究院有限公司的支持和帮助。感谢广州大学王玉娜副教授、曹兵兵副教授、张元新副教授、于涛副教授、薛维锐博士，中国建筑科技与设计部高级经理孙喜亮，北京中建建筑科学研究院有限公司总经理王宪章、总工程师王长军、研发中心主任王健、副主任庞森，广东工业大学王璐琪副教授，微软公司（美国）王悦人博士的辛勤付出。感谢我的博士生李濛濛，硕士生何晓滢、付怡静等刻苦开展相关研究工作。特别是李濛濛（重点参与第1章、第2章）、何晓滢（重点参与第1章、第3章）、付怡静（重点参与第2章、第4章、第5章）按照我提出的思路开展了大量研究工作，取得了卓有成效的研究成果。本书是课题团队集体智慧的结晶。

本书运用大数据思维构建分析区块链理论及应用的方法，对区块链技术在工程项目管理中的创新发展进行了探索，为区块链技术应用于工程项目智慧建造的未来路径提供了借鉴和参考。

薛小龙
2024 年 6 月于广州小谷围岛

目 录

第1章 绪论 ... 1
1.1 区块链的概念与内涵 ... 1
1.2 区块链的世界简史 ... 4
1.3 工程项目管理与区块链 ... 8
1.3.1 工程项目管理的特点和业务需求 ... 8
1.3.2 区块链技术对工程项目管理的价值 ... 9
1.3.3 将区块链技术应用于工程项目管理的可行性 ... 12
1.4 本章小结 ... 12

第2章 区块链在工程项目管理中应用的现状研究 ... 13
2.1 区块链在工程项目管理中应用的政策支持 ... 13
2.1.1 国内外区块链相关政策概要 ... 13
2.1.2 国内外建筑业区块链政策内容分析 ... 18
2.2 区块链在工程项目管理中应用的理论研究 ... 43
2.2.1 分析框架 ... 43
2.2.2 国内相关研究现状分析 ... 45
2.2.3 全球相关研究现状分析 ... 54
2.3 区块链在工程项目管理中应用的案例 ... 70
2.3.1 我国区块链在工程项目管理中应用的案例 ... 70
2.3.2 全球区块链在工程项目管理中应用的案例 ... 75
2.4 本章小结 ... 77

第3章 区块链驱动的工程建设与管理模式创新研究 ... 78
3.1 区块链技术对创新管理理论、管理模式、管理创新的影响 ... 78
3.1.1 区块链技术对创新管理理论与管理模式的影响与促进 ... 78
3.1.2 区块链技术对管理创新的促进作用 ... 79
3.2 区块链技术革新工程管理模式 ... 80
3.2.1 微观层面的革新 ... 80
3.2.2 中观层面的革新 ... 82

    3.2.3 宏观层面的革新 ·· 83
  3.3 区块链技术赋能工程项目管理的创新路径 ····················· 83
  3.4 本章小结 ·· 84

第4章 区块链在工程项目管理中应用的潜在场景研究 ··········· 85
  4.1 区块链在工程策划阶段的应用场景分析 ························ 85
    4.1.1 招标投标管理 ··· 85
    4.1.2 勘察设计管理 ··· 86
  4.2 区块链在工程实施阶段的应用场景分析 ························ 87
    4.2.1 建筑材料管理 ··· 87
    4.2.2 建筑废弃物管理 ·· 87
    4.2.3 工程总承包管理 ·· 88
    4.2.4 风险管理 ··· 88
    4.2.5 成本管理 ··· 88
    4.2.6 质量安全管理 ··· 89
    4.2.7 环境保护管理 ··· 89
  4.3 区块链在工程全生命周期的应用场景分析 ····················· 90
    4.3.1 建设资金管理 ··· 90
    4.3.2 合同管理 ··· 90
    4.3.3 资料管理 ··· 91
    4.3.4 建筑供应链管理 ·· 91
    4.3.5 建筑运营管理 ··· 92
  4.4 其他应用场景 ··· 92
    4.4.1 装配式建筑 ·· 92
    4.4.2 建筑市场诚信体系构建 ······································· 93
    4.4.3 工程信息化管理 ·· 93
    4.4.4 智能建造 ··· 94
  4.5 本章小结 ·· 94

第5章 工程管理区块链架构设计、核心技术与应用 ············· 96
  5.1 区块链技术原理及应用 ··· 96
    5.1.1 区块链平台技术原理 ·· 96
    5.1.2 区块链平台概要 ·· 96
    5.1.3 区块链平台应用 ·· 98

XI

 5.2 工程管理区块链架构设计 ·················· 98
  5.2.1 区块链逻辑架构 ·················· 98
  5.2.2 区块设计 ·················· 100
  5.2.3 单链区块结构 ·················· 101
  5.2.4 跨链区块实现结构 ·················· 102
  5.2.5 交互流程 ·················· 103
 5.3 工程管理区块链核心技术 ·················· 104
  5.3.1 区块生成技术 ·················· 104
  5.3.2 共识机制 ·················· 104
  5.3.3 证书管理与加密 ·················· 112
 5.4 工程管理区块链应用 ·················· 114
  5.4.1 工程质量管理区块链应用简介——混凝土质量检测 ······ 114
  5.4.2 工程安全管理区块链应用简介——危大工程安全管控 ····· 115
 5.5 本章小结 ·················· 116

第6章 工程项目区块链系统开发与应用案例 ·················· 117
 6.1 开发过程 ·················· 117
  6.1.1 需求分析 ·················· 117
  6.1.2 沟通调研分析 ·················· 117
  6.1.3 软件架构设计 ·················· 123
 6.2 数据流程 ·················· 125
  6.2.1 现场安全基础管理模块 ·················· 125
  6.2.2 危大工程安全管理模块 ·················· 126
  6.2.3 安全和质量重要资料管理模块 ·················· 127
  6.2.4 预拌混凝土质量管控模块 ·················· 128
 6.3 结论与展望 ·················· 129
 6.4 本章小结 ·················· 130

参考文献 ·················· 131

第1章

绪　　论

1.1　区块链的概念与内涵

　　工程项目管理的转型方向是数字化、智能化，而区块链技术本质上作为一种数据库管理技术，可以为工程项目管理提供赋能支持。区块链的概念起源于比特币的发明者中本聪（Satoshi Nakamoto）于2008年11月1日发表的论文《比特币：一种点对点的电子现金系统》[1]。随后，Zyskind和Nathan发现，通过区块链可以构建去中心化的平台，在无需第三方参与的情况下，用户就可以了解数据收集和使用的过程。区块链将用户识别为其个人数据的所有者，而企业可以专注于利用数据，无需特别关注如何正确保护和划分数据[2]。作为去中心化的信息基础设施，区块链可以保证交易的不可逆转、不可否认、唯一性和匿名性[3]。从狭义上讲，区块链是指一种链式的数据结构，是一种按照时间顺序排列组合的数据块和信息块，并以加密形式记录的无法被篡改和伪造的分布式账本。从广义上讲，区块链是指使用块链式数据结构来验证和存储数据，使用分布式节点共识算法来生成和更新数据，并利用加密技术来确保数据的传输和访问安全，利用包含智能合约的脚本代码来编程和操作数据的一种新的分布式架构与计算模型[4]。通常被提及的区块链的概念是广义区块链。区块链的特性使其可以与其他互联网技术共存，其记录的每个条目的信息是永久保存的和不可篡改的，新的条目信息会记录和管理于不同节点的数据库副本上[5]。从本质上讲，区块链是一个分布式的共享数据库，存储于其中的数据或信息，具有难以篡改、便于溯源、可信度高、集体维护等特征。区块链技术能够在传统互联网技术、通信技术的基础上，解决信息传递过程中的信任问题，并为信息提供隐私保护，提高安全性。基于这些特征，区块链技术创造了可靠的合作机制，具有广阔的应用前景。当前，区块链被广泛应用于金融、物流、公共服务、社会治理、数字版权等领域，具体的应用场景包括一般合同管理、资产管理、能源管理、贸易管理等。

　　区块链现有多种分类方式，其中按开放程度的分类（即应用场景和设计体系的不同）方法是当前认可度最高的分类方法。按照此方法，区块链可分为三类：公有链（完全去中心化的，如比特币、以太坊）、联盟链（适合于机构间的交易、结算等，如

Hyperledger Fabric、R3）和私有链（仅限个人或组织内部参与）。公有链的访问门槛低，默认对各参与者开放；联盟链可以对一组选定的节点开放；私有链适用于特定组织内部数据管理与审计，仅在组织内部开放。不同类型的区块链有着不同的应用领域。公有链可以应用于虚拟货币、互联网金融、资产注册、资产数字化等。联盟链由若干个组织机构共同管理，可以应用于政务服务、产品追溯。私有链的节点更少，可以实现更快的交易速度，可以应用于企业内部数据库的管理和审计[6]。

区块是区块链的基本构成单元。区块链平台的架构可以大致划分为数据层、网络层、共识层、激励层、合约层和应用层[7]。数据层用于存储交易数据；网络层运用 P2P 组网技术进行连接；共识层包含多种共识机制，如 PoW 共识等；激励层用于激励参与者和确定奖惩制度，如经济激励和代币奖励；合约层描述了编程语言和安全环境；应用层则描述了不同的应用，例如比特币和以太币等[8]。

区块链技术是由多种技术整合而成的，分布式存储、共识机制、密码学和智能合约是区块链的四大核心技术。分布式存储意味着区块链是由多个节点共同组成的去中心化的网络，节点间数据交换通过数字签名技术验证，每个节点独立完整地存储写入数据信息，可有效避免恶意篡改数据。共识机制起到统筹节点的作用，主要有 PoW（Proof of Work，工作量证明）、PoS（Proof of Stake，权益证明）、DPoS（Delegated Proof of Stake，授权股份证明）等，保障所有的数据交互都按照严格的规则和共识进行[9]。密码学技术包含哈希算法、对称加密算法、非对称加密算法、数字签名算法等，保证了数据的安全，验证了数据的归属，防止数据被篡改，实现数据的可追溯。智能合约技术作用于区块链的数据执行与应用，允许在没有第三方的情况下进行透明可信的交易，同时使得交易可溯源，节省区块链参与方的时间，避免冲突[10]。区块链技术逻辑架构如图 1.1-1 所示。

图 1.1-1　区块链技术逻辑架构

第1章 绪论

区块链技术对于技术革新和产业发展具有重要意义。2018年1月26日，世界经济论坛创始人兼执行主席克劳斯·施瓦布（Klaus Schwab）提出区块链技术是第四次工业革命的关键技术[11]。区块链被认为是解决一般行业问题的手段，如信任与合作问题，可实现数据安全，促进商业创新、行业改革，推动全球经济可持续发展。2021年6月20日，联合国发表专题文章《可持续解决方案还是气候灾难？加密货币技术的危险和前景》（Sustainability solution or climate calamity? The dangers and promise of cryptocurrency technology），指出区块链在抗击气候危机方面仍然有巨大潜力，有助于实现全球经济的可持续发展[12]。除此之外，区块链技术可以促进知识传播和技术创新。开放科学是驱动创新的一种科学研究系统实践，而区块链已被确认为促进开放科学发展的基础设施之一。区块链技术可以通过改进研究人员目前的工作流程，建立对技术系统的信任，促成新的合作并减轻现有的问题。如果科学界对于区块链技术有着较高的接受程度，区块链技术就可以对科学工作及其开放的生态系统产生重大的积极影响[13]。一方面，区块链可促进先进技术的发展；另一方面，先进技术也同时促进着区块链的发展，使其在信息共享和处理方面的优势得到体现。

区块链技术的瓶颈主要体现在过于庞大的完整账本存储空间、依赖于网络性能的采用全网广播的信息分发方式、交易效率低下、算力浪费、节点升级成本高等[14]。区块链的有效运用，需要来自通信技术的支持，以保证信息交互的实时性和高质量。若信息交互存在延迟，区块链处理数据的能力将被削弱，导致区块链数据的实时价值降低[15]。将区块链技术应用模式加以改进，可以更好地发挥区块链的优势，如将不同的共识机制组合起来，可解决单一共识机制可能存在的缺陷。PoW机制需要消耗大量的能源，PoS机制可能存在更多安全问题，DPoS机制共识验证速度快，但依赖于代币，Pool（验证池）机制不需要代币也可以工作，但有中心化趋势。同步应用不同的共识机制，可有效弥补彼此的不足，达到节约能源、保障安全、延伸扩容性等目的。另外，随着区块链技术的发展，有可能实现更合理的区块链扩容方案。目前，区块链扩容方案主要分为链上扩容和链下扩容，链上扩容是针对区块链协议层的扩容，其通过改变区块容量或者数据结构来提高交易处理速度；链下扩容是不改变区块链基础协议的应用层上的扩容，将合约与复杂计算置于链下。两种扩容方式相对比，链上扩容短期效果明显，而长期运用链上扩容，可能导致区块链系统的中心化风险增加，因为需要更高的计算能力和更多的资源才能保持其安全性和去中心化；链下扩容对区块链系统性能的提升幅度更大，但实施周期长，也可能存在中心化和攻击风险，因为一旦基础链或侧链的节点被攻击，链下扩容也会受到影响[16]。

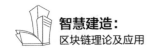

1.2 区块链的世界简史

1976年可以被认为是区块链（Blockchain）史前时代的元年，其正式开启了整个密码学，包括密码学货币的时代[17]。在1976年之前，所有的加密都采用对称加密算法，面临难以解决的密钥安全问题，直到Diffie和Hellman发表论文《密码学的新方向》（New Directions in Cryptography）提出非对称加密思想，成功解决了密钥传递问题，并奠定了迄今为止整个密码学的发展方向[18]。进一步地，RSA（Rivest-Shamir-Adleman）算法的诞生标志着公钥密码思想在实际中的成功实现[19]。而Koblitz和Mill各自提出的椭圆曲线加密算法，令计算量过大的RSA算法有了替代品，使非对称加密体系有了实用的可能，至此现代密码学基础被完全确立[20]。

同样是在1976年，Hayek出版的经济学专著《货币的非国家化》提出了"竞争性货币"理论，激励各种形式的加密数字货币技术的探索[21]。1982年，Chaum在论文Blind Signatures for Untraceable Payments中提出了盲签名技术，并在1990年基于该技术发明了人类历史上第一种数字货币eCash。但eCash的运行依赖于中心机构管理运行的服务器，如果服务器停止工作，交易就会暂停，这导致它最终失败，同时推动了去中心化的思想的产生。1998年11月，密码学家戴伟（Wei Dai）提出了首个去中心化数字货币的构想——B-money，并首次提出将分布式存储技术应用到数字货币中[22]。进一步地，Szabo提出Bitgold设想，引入PoW共识机制，解决了B-money面临的"账本一致性"和"货币生成"难题，虽然Bitgold已经非常接近比特币（Bitcoin），然而该设想也没有成功落地[23]。

在工作量证明方面，Back提出的哈希现金算法是一种工作量证明机制，为RPoW和PoW的提出奠定了基础；而Finney将Back的哈希现金机制完善成一种可重复利用的工作量证明（RPoW），并用于数字货币实验中，又为之后比特币系统中的PoW共识机制打下了重要的基础[24]。

在分布式系统方面，Merkle提出的Merkle树（Merkle Tree）数据结构和相关算法被广泛应用在校验分布式网络中数据同步的正确性，为比特币的分布式账本打下重要基础；而Lamport提出的拜占庭将军问题（The Byzantine Generals Problem）是点对点通信中的基本问题，标志着分布式计算的理论和实践正逐渐走向成熟[25]。

在点对点网络方面，万维网超文本传输协议、第一个被广泛应用的P2P音乐共享服务 Napster，以及之后的 BitTorrent 协议、Kademlia 点对点网络传输协议的诞生与发展，为比特币以安全机制传递价值准备了 P2P 网络基础[26]。

值得一提的是，1992 年 Tim May 建立了密码朋克邮件列表，全世界的密码学家、程序员、极客在这里通过加密电子邮件进行交流，可以说没有密码朋克邮件列表，就没有数字货币[27]。此外，Haber 与 Stornetta 在发表的论文 *How to Time-stamp a Digital Document* 中提出了用时间戳的方式来保证数字文件安全的协议，而比特币引入了该协议。另外，Szabo 在论文 *Smart Contracts：Building Blocks for Digital Markets* 中提出了智能合约的概念[28]。

在这过去 40 年密码学、工作量证明、分布式系统、点对点网络等多个领域的技术成果、数字加密货币的理念传承以及 2008 年金融危机背景下，中本聪在密码朋克邮件列表发布了比特币白皮书，并在 2009 年首次真正从实践意义上实现了安全可靠的去中心化数字货币机制，打开了下一个时代的大门[29]。

2015 年 Swan 所著的《区块链：新经济蓝图》(*Blockchain：Blueprint for a New Economy*) 一书中将区块链技术的演进历程划分为 1.0、2.0 和 3.0 三个阶段，得到业界的广泛认可[30]。比特币的诞生也就代表着一个以加密货币为代表的区块链 1.0 时代的到来。然而，作为比特币底层架构的区块链技术最初并未引起足够的关注和重视，更多时间是伴随着对比特币的质疑[31]，同时这段时期区块链的应用也仅局限在数字货币上[32]。直到 2014 年，为了解决比特币扩展性不足的问题或者说利用比特币底层架构的区块链技术做更多的事情，Buterin 创立了一个开源的、能自由开发智能合约的区块链公共平台——以太坊，推动区块链技术从 1.0 进入加密资产的 2.0 阶段[33]。

也是从 2014 年开始，区块链技术逐渐受到关注，并进一步引发了分布式账本技术（Distributed Ledger Technology，DLT）的革新浪潮[34]。2015 年，区块链频频出现在包括 G20 峰会在内的各种国际、国内会议上，吸引了包括重要经济体、大型科技公司、专业咨询服务机构、学术研究机构在内的各行各业的广泛关注[35]。同年联盟链的兴起也标志着区块链技术进入了金融、IT 等主流领域[36]。到 2017 年，以太坊生态初见成效，上千开发者的产品、项目基于以太坊的底层基础进行设计，其去中心化应用涵盖的领域包括众筹、物联网、社交网络、保险、数据存储、钱包、去中心化交易等[37]，各行各业纷纷开始尝试和探索，以期率先打开区块链 3.0 时代的大门。2017 年底，随着比特币的市值突破 2 万亿大关，彻底引爆了区块链的浪潮，大量的资本、互联网精英以及投机者纷纷涌入区块链行业，使得此时的区块链行业存在大量泡沫，但随着号称区块链 3.0 的 EOS 公链主网和去中心化应用 Dapp 上线后均达不到预期，再加上跨链、分片等新技

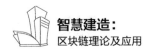

术的发展遇到瓶颈,市场逐渐转向理智,在2018年展开了一场浩浩荡荡的去泡沫化运动,最终只有如比特币、以太坊等项目存活[38]。但这一次行业的周期性回落,恰好也给了国际巨头们入场的最佳时机。2019年2月,美国摩根大通率先宣布计划发行加密货币JPM Coin,此后高盛、瑞银、花旗、微软等巨头们也纷纷宣布入局区块链,使整个区块链产业彻底落地,脱虚向实,打开了区块链行业的新篇章[39]。

区块链技术发展年表见表1.2-1。

区块链技术发展年表[40] 表1.2-1

序号	年份	事件
1	1976	首次提出公钥密码思想和DH密钥交换协议(Whitfield Diffie 和 MartinE. Hellman) 首次提出允许私人发行货币(Friedrich von Hayek)
2	1977	RSA算法成功实现非对称加密(Ron Rivest,Adi Shamir 和 Leonard Adleman)
3	1980	"Merkle树"数据结构及相应算法的提出(Ralph Merkle)
4	1982	拜占庭将军问题的提出(Leslie Lampor) 盲签名技术的提出(David Chaum)
5	1985	首次提出零知识证明(Shafi Goldwasser,Silvio Micali 和 Charles Rackoff) 椭圆曲线加密算法的提出(Neal Koblitz and Victor Miller)
6	1989	万维网超文本传输协议的诞生(Tim Berners-Lee)
7	1990	首个匿名数字货币eCash的发明(David Chaum)
8	1991	用时间戳保证数据安全的协议的提出(Stuart Haber 和 W. Scott Stornetta)
9	1992	密码朋克邮件列表的建立(Timothy C. May)
10	1996	智能合约概念的提出(Nick Szabo)
11	1997	哈希现金算法机制的发明(Adam Back)
12	1998	B-money白皮书发表(Wei Dai) 提出引入工作量证明机制的BitGold设想(Nick Szabo)
13	1999	在线音乐服务Napster的成立(Sean Parker 和 Shawn Fanning) 实用拜占庭容错算法(PBFT)的提出(Miguel Castro 和 Barbara Liskov)
14	2001	美国国家安全局(NSA)发布SHA系列算法 内容分发协议BitTorrent的发明(Bram Cohen)
15	2002	Kademlia点对点网络传输协议的发明(Petar Maymounkov 和 David Mazières)
16	2005	可复用工作量证明的提出(Hal Finney)
17	2008	比特币白皮书发表(Satoshi Nakamoto)
18	2009	比特币系统正式启动
19	2010	比特币第一次用于交易支付 第一个比特币交易平台MT.GOX成立

续表

序号	年份	事件
20	2013	染色币（Colored Coin）诞生（尝试更广泛应用比特币区块链） 德国率先承认比特币的合法货币地位 各种分叉币盛行 以太坊白皮书发布（Vitalik Buterin） 中国人民银行等五个部委印发《关于防范比特币风险的通知》
21	2014	以太坊正式发布（Vitalik Buterin） Tendermint 共识白皮书发布 美国 Dell 公司宣布支持比特币支付
22	2015	一种点对点的分布式文件系统 IPFS 发布（Juan Benet） Hyperledger（超级账本）、R3 联盟等联盟链诞生 德勤推出区块链软件平台 Rubix 《经济学人》杂志封面首次正式介绍区块链 微软 Windows Azure 启动 BaaS（"区块链即服务"）计划
23	2016	"中国区块链研究联盟"宣布成立 IBM 发布 BaaS 服务 稳定版以太坊发布 The DAO 攻击事件导致以太坊分叉
24	2017	中国央行数字货币试运行 Parity 钱包漏洞事件（智能合约安全事故） Polkdot 项目发布（Web3 基金会支持的跨链协议开源项目） 加密猫游戏造成以太坊网络严重堵塞 麻省理工学院发出首个区块链上的学历证书
25	2018	ArcBlock 区块链 3.0 平台发布 中国互联网金融协会发布《关于防范境外 ICO 与"虚拟货币"交易风险的提示》 EOS 公链主网上线 亚马逊 AWS 开始提供 BaaS 服务
26	2019	摩根大通稳定币白皮书发布 Conmos 主网上线（验证 Tendermint 共识） ABT 链网上线（由 ArcBlock 搭建） 微软发布去中心化身份网络早期预览版 ArcBlock 推出第一个支持去中心化身份技术的去中心钱包 Facebook 发布 Libra 白皮书 中国央行宣布即将发行数字货币 W3C DID1.0 公开工作稿发布（万维网联盟去中心化身份标识标准）
27	2020	灰度比特币信托成功在美国 SEC（证券交易委员会）注册 Libra 2.0 白皮书宣布币链分离、弃用保链 中国正式将区块链纳入新基建范围 美国将区块链列入关键技术清单 PayPal 宣布支持加密数字货币支付 中国银行函证区块链服务平台（BPBC）正式发布
28	2021 至今	东加勒比中央银行（Eastern Caribbean Central Bank，ECCB）成为第一家发行央行数字货币（Central bank Digital Currencies，CBDC）的货币联盟中央银行 深圳区块链发票规程成国际标准 韩国央行将在三星 Galaxy 手机上试点 CBDC

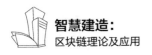

续表

序号	年份	事件
28	2021 至今	华为云正式推出区块链服务 斯洛文尼亚将成为世界上第一个发行非同质化代币（Non-Fungible Token，NFT）的国家 Marketnode 与花旗等 10 家银行合作开发区块链债券 捷豹路虎采用区块链技术，试行首个皮革数字化供应链 伊朗将试点国家加密货币 蚂蚁链 AntChainStack 发布 摩根大通和星展银行创立的区块链支付平台 Partior 启动首个试点 中国首个区块链版权应用标准研制在京启动 迪士尼将推出 NFT 数字藏品 育碧计划创建自己的区块链游戏以"实现更多 play-to-earn" NFT 行业首个自律公约发布 NFT 被《柯林斯词典》评为 2021 年年度词汇

1.3 工程项目管理与区块链

1.3.1 工程项目管理的特点和业务需求

建筑业的一个重要特征在于其供应链的高度分散和碎片化。由于设计、制造、储存、运输和装配过程的碎片化和不连续性，在建筑供应链上，无法找寻开放、可信、透明和可追溯的信息资源[41]。同时，一个建筑工程项目往往由多方参与，通常进行项目合作的建筑公司虽然有着共同的项目目标，但他们在空间上却是分散的[42]，在项目协作中，大多考虑自身利益的最大化，这导致了供应链交易成本增加，最终导致各个参与方企业效益无法达到最大化[43]。建筑、工程和建设（AEC）行业没有像金融、制造业、教育行业等那样热衷于数字化转型，是数字化程度最低的行业之一[44]。建筑业在数字化技术的采纳方面进展缓慢，这不利于建筑业提高总体生产力、增加效益和提升相关企业的创新能力。未来 40 年，预计将新增 2300 亿平方米的新建筑[45]。如果能够融合新型数字化技术，比如区块链等，进行工程项目管理，将实现非常可观的工程效益。

工程项目管理是为全面实现项目建设目标而进行的专业活动，是指在项目的实施阶段，运用系统的理论和方法，对项目的质量、进度和成本目标进行控制和管理[46]。建设工程项目需要投入大量的资金、时间和资源，而这些都是有限的，因此必须合理使用[47]，这就要求进行有效的工程项目管理。目前工程项目管理主要存在的不足主要包括沟通协调手段低效落后、信用机制不够完善、合同管理成本高等[46]。工程项目的参与方通常单独工作，只与少数合作者分享工作成果，这就使得参与项目的人员无法从其他参与者那里获取知识和经验[43]。由于项目各个利益方的目标和诉求不一致，每个关联的个体或组织都在为自身的利益而争，这就导致无法达成项目价值的最大化。传统的项目管理者往往还不能从全局的角度体察项目实际运行中各个因素之间的相互作用关系，无法辨明各个因素对于项目整体实施情况的影响[48]。然而，如果无法确认各参与方是否依照整体项目目标执行工作，无法分析各参与方在项目全生命周期中的相互影响关系，就难以实现预期的项目价值。如何融合新技术解决上述工程项目管理的问题，成为业界人士关注的重点。

1.3.2 区块链技术对工程项目管理的价值

2018 年，ICE（Institution of Civil Engineers，英国土木工程师协会）的报告指出，区块链技术是一种颠覆性技术，将为建筑业带来革命性的变化[49]。建筑业面临很多挑战，如生产率低、监管和合规性差、缺乏充分的合作和信息共享、落后的支付方式等。建筑业面临的挑战和机遇主要体现在技术、政策、流程和社会四个维度上。技术维度的挑战包括实现连接可行性等，政策维度的挑战包括法律监管等，流程维度的挑战包括组织内部抵制改革等，社会维度的挑战包括达成参与方的信任与协作等。作为一种分布式账本技术，区块链有助于建筑业数字化转型，提高建筑业生产率，为应对行业挑战提供有效的方法[50]。

区块链可以提高投资与建设活动参与方互动和交易的效率[51]。长期以来，建筑业依赖传统的工作流程和文档进行款项的收付，该流程涉及的准备、审查、批准和执行的一系列步骤冗长而耗时。区块链去中心化的特性可以保障款项收付的可靠性，同时能够实现流程的高效执行[52]。区块链可使工程项目的各参与方即时共享数据，促成款项的自动化收付，减少支付延迟。同时，智能合约可以帮助监管建筑交易流程，只有当实际工作完成后，才会支付款项。在一项对澳大利亚大型公寓的外墙设计过程的公有链案例研究中，学者发现基于区块链的业务流程可能提高关键材料供应链的透明度和可追溯性，同时可以添加项目监督观察员进行项目治理。在对某国际大型项目的重要设备的采购过程的私有链案例研究中，也发现区块链给予了建筑业产品和服务的提供商更多的信心，使其能够顺利经营国际业务或者在小型贸易中得到保护[41]。另外，研究表明智能合约可以帮助实现智能建筑的维修和服务，证实了基于区块链的智能建筑可以进一步加快维修和服务的自动化交付流程，提升安全性和透明度[45]。

区块链技术可以在安全性、责任确权、数据收集、简化交付流程等层面进一步增强 BIM 的能力。BIM 是一种数字化管理方法和协同工作过程，包含由多个

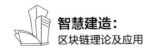

利益相关者构建和使用的"可视化"模型,可用于解决整个工程项目的设计、施工及运营问题[53],被认为是建筑业进入数字时代的机遇。BIM 模型的任何更改都可以使用区块链平台进行跟踪和注册,而建筑信息可以作为永久的、安全的数据集存储在一个安全的分类账上。实际上,区块链与 BIM 的集成也是成功应用智能合约的关键[54]。通过对印度 AEC 行业 10 位经验丰富的 BIM 专业人士进行访谈,Khanna 等发现,如果采用综合项目交付(Integrated Product Development,IPD)的方式,同时将 BIM 过程与区块链技术结合起来,将帮助发展中国家有效地交付大型基础设施项目[55]。BIM 可通过应用 ICT 技术改善工程项目利益相关者之间的协作。将区块链技术应用于 BIM 和物联网技术集成的框架中,将提供更好的服务来改进数据驱动的资产管理,更好地实现工程项目管理利益相关者的互联和协作。除此之外,区块链还可以提供一个安全的环境进行业务处理,并对业务流程进行全面治理。这将避免云计算、物联网和 BIM 等技术集成时导致的可能的安全问题[44]。研究表明,区块链还可以在全生命周期的各个阶段为信息管理提供可靠支持。即便 BIM 模型设置了一个一体化的建筑信息模型,区块链还是可以管理和记录各个环节中每个相关人员的行为,为任何可能发生的法律争论提供凭据。区块链为工程项目施工管理存在的诸多问题提供了解决方案。例如,在施工现场,区块链有助于提升施工日志的可靠性和可信度。同时,区块链也可以保证对已完成的工作任务和施工材料数量记录的准确性。当物料到达施工现场时,智能合约可以提取链外位置数据作为位置证明,以激活区块链的物料状态变化。如果没有区块链,智能合约只能信任链中已有的数据,区块链的功能就将受到严重限制[56]。在设备维护阶段,区块链可以将涉密数据进行安全存储[57]。将包含 GIS 数据的建设工程区块链技术与 BIM 结合,亦可保证建设项目,比如土方工程的环境安全[58]。Zheng 等学者则探讨了区块链在解决移动云架构中的信息安全问题上的作用。他们创建了一种叫作 bcBIM 的新系统模型以实现区块链对于关键模型的审计,并设计 BIM 信息管理系统体系结构。他们发现,附加上区块链的 bcBIM 模型可以保证数据的完整性和可溯性,从而实现 BIM 信息的高效计算和访问。区块链技术能够显著提高 BIM 数据的安全性和质量,有效解决体系结构中修改 BIM 模型和参数所带来的安全隐患。由此可知,区块链的使用将极大地促进 BIM 技术的应用和发展[59]。

建筑行业的建筑材料整体存在交易环节多、产能过剩、施工分散、标准化难度高、运输时效保障差等问题。针对以上问题,区块链技术可提供潜在的解决方案。通过文献研究,Elghaish 等发现,近年来区块链的利用率有显著提高,区块链在安全性、可视性、可追溯性以及自动化数据收集和处理等方面均有应用。以上功能的实现均可推动建筑业步入工业4.0[60]。Kifokeris和Koch就瑞典的建筑供应链和物流进行了实证研究。他们尝试将区块链技术纳入并创建一个新的数字化商业模式（DBM），将建筑供应链的信息、物质和经济流整合在一起。他们认为，区块链将有助于推动建筑业数字化转型。尤其是在建筑供应链方面，通过结合BIM、物联网等前沿技术，区块链将发挥积极作用[61]。与之类似，Hamledari和Fisher利用以太坊区块链对建筑工程项目施工现场实体供应链和金融供应链的整合问题进行了研究。他们指出，对于建筑业来说，实现供应链整合仍然是一个难以实现的目标。区块链和智能合约是加密资产的底层技术，基于区块链的加密资产可用于调节基于产品流（实体供应链）的资金流（金融供应链），实现两者在工程项目整个生命周期中的融合集成。基于区块链的加密资产的应用增强了现金流和产品流之间集成的原子性和粒度，由此可促进项目资金的流动以改进支付系统[62]。他们的另一篇文章则揭示了区块链和智能合约对于建筑供应链可视化的影响。研究结果表明，区块链可以有效提升建筑供应链可视化水平。与传统的方案相比，总体上基于区块链的方案可以使建筑供应链数据信息的完整性提高216%，使信息准确度提高261%[63]。另有学者对于基于区块链的建筑供应链进行了设计，如Wang等运用商业模型的方法设计了支持区块链的供应链系统[64]。Qian和Papadonikolaki则重点从信任建立的角度，讨论区块链对于建筑供应链管理的作用。他们指出，信任会影响供应链运营的效率，是供应链管理的重要考虑因素。通过实现数据跟踪、确立资源所有权，区块链为供应链中的各个参与方提供保障，有助于提升彼此间的信任[65]。因此，区块链可以降低合作中由于机会主义行为所带来的风险，并将信任从关系型转变为基于系统和认知的类型[43]。

综合以上文献分析，我们发现当前学者的研究视角主要集中于区块链与BIM的融合应用和构建基于区块链的建筑供应链模型两个方面。主要研究目的在于讨论区块链在促进利益相关者交流、实现信息可视化、提升信息完整性和可靠度等方面的作用。另有少数学者探讨了建筑区块链相关的其他问题，如Khan等指出，区块链与人工视觉智能的集成有望提高建筑工地的安全监测效率，对于建筑工程项目的消防安全管理有着重要应用价值[66]。Adibfar等重点关注了建筑业版权的问题，指出区块链和数字指纹等可以加入建筑数字化设计的流程中，以防止未经授权的他人使用建筑师的设计，提高建筑业安全性[67]。Sun和Zhang研究了区块链与大数据的结合应用在建设低碳排放绿色环境新型智慧城市中的作用[68]。Ebekozien和Aigbavboa则结合时代背景，调查了新冠冠状病毒感染对于建筑业的影响，并发现区块链、人工智能等新技术将有助于灾后重建中的建筑物资调度[69]。综合学者们的观点来看，多数学者对于区块链在工程项目管理中的作用持

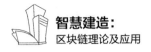

乐观态度。

1.3.3 将区块链技术应用于工程项目管理的可行性

在工程项目管理中应用区块链技术面临一系列的挑战，如工程项目方倾向于认为引入区块链技术会增加项目成本，并导致项目实施时间过长。在此背景下，区块链技术的引入决策依赖于试点项目的成功实施，这阻碍了区块链技术应用于建筑业的进程。Darabseh 和 Martins 通过运用文献计量学的方法，发现虽然近年来关于区块链技术在工程项目管理中应用的文献数量有所增加，但目前还没有对于现有区块链解决方案的研究。他们指出，区块链在工程项目管理中的应用所面临的一个艰难的挑战是需要将基于人类决策的主导方案转变为自动化决策的模式[70]。在对现有工程项目管理区块链案例研究方面，相关文献的缺乏也说明了区块链技术在工程项目管理的实际推进中存在着困难。Hunhevicz 和 Hall 提到，建筑业在分布式账本技术，包括区块链技术方面的研究当前还主要停留在理论层面，针对实施案例进行的研究非常少。上述学者认为，从对工程项目进行规划到实施的过程中，需要相关人员具备充足的专业知识。而这其中的知识差距，是造成相关案例研究缺失的潜在原因[71]。这意味着从业人员的知识缺乏亦为建筑业实施区块链技术的风险因素之一。由此可见，对区块链相关知识进行推广，改变业内人士认知对于推进区块链技术应用于工程项目管理的进程，显得尤为重要。

1.4 本章小结

本章介绍了区块链的概念和内涵，包括区块链的基本原理、特点、分类、逻辑架构、技术瓶颈等。同时，回顾了区块链技术的简史，制作了区块链技术发展年表，梳理了从其起源到如今的发展和应用情况。最后，通过分析工程项目管理的特点和业务需求，总结了区块链技术对工程项目管理的价值和应用可行性。区块链技术的应用为工程项目管理带来了新的机遇，如提升信息完整性和可靠度、提高安全监测效率、推动数字化转型等。然而，这项技术的引进也面临一些挑战，如技术实施周期可能较长、从业人员缺乏相关知识等。

第 2 章

区块链在工程项目管理中应用的现状研究

2.1 区块链在工程项目管理中应用的政策支持

2.1.1 国内外区块链相关政策概要

区块链相关政策是政府为了实现区块链技术推广应用的发展目标，对区块链技术实施的重要方面及环节采取的一系列有计划的措施、行动和规章。其主要目标是保障区块链技术应用的长期而有序发展，实现区块链技术对于相关行业的稳定而有效的赋能。近年来，区块链技术得到了广泛关注，其应用领域得到了很大扩展。全球各国纷纷出台相关政策，对区块链技术进行推广和监管。

2016年12月，国务院印发《"十三五"国家信息化规划》，提出强化战略性前沿技术超前布局。在该规划中，两次提及区块链，并首次将区块链技术纳入国家级信息化规划。至此，我国区块链技术的布局有了强有力的政策支持。2019年10月24日，中共中央政治局就区块链技术发展现状和趋势进行第十八次集体学习，区块链被定位为中国国家战略技术。中共中央总书记习近平在主持学习时强调，"区块链技术的集成应用在新的技术革新和产业变革中起着重要作用。我们要把区块链作为核心技术自主创新的重要突破口，明确主攻方向，加大投入力度，着力攻克一批关键核心技术，加快推动区块链技术和产业创新发展"[72]。2020年4月20日，国家发展改革委正式将区块链纳入"新基建"的范围。超过22个省将区块链写入2020年政府工作报告。2020年7月3日，住房和城乡建设部等部门联合发布《关于推动智能建造与建筑工业化协同发展的指导意见》，旨在推进建筑工业化、数字化、智能化升级，加快建造方式转变，推动建筑业升级和高质量发展。其中提出，要指导区块链等技术在建筑行业的应用实践。

对于区块链技术的推广应用，在政策层面，我国制定了明确的行动规划和远景目标。2021年1月13日，工信部印发了《工业互联网创新发展行动计划（2021—2023年）》。该计划多个方面涉及了区块链技术。文件指出，到2023年，

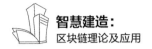

工业互联网新型基础设施建设量质并进，产业综合实力显著提升。国家顶级节点具备标识、域名、区块链等综合服务能力，标识注册总量超过150亿，日均解析量达到千万次量级。构建基于标识解析的区块链基础设施，支持各地部署不少于20个融合节点，提供基于区块链的标识资源分配、管理、互操作等基础服务。2021年3月，《中华人民共和国国民经济和社会发展第十四个五年规划和2035年远景目标纲要》（以下简称《"十四五"规划纲要》）由第十三届全国人民代表大会第四次会议审查批准通过。在"加快数字发展 建设数字中国"篇章中，区块链被列为"十四五"七大数字经济重点产业之一，迎来创新发展新机遇。区块链首次被纳入国家五年规划当中，成为发展数字经济和建设数字中国的重要载体。《"十四五"规划纲要》明确了技术创新、平台创新、应用创新、监管创新这四大区块链创新方向。同时，还对区块链的应用方向给出了具体规划，具体指出要"推动智能合约、共识算法、加密算法、分布式系统"等区块链技术创新，以联盟链为重点发展区块链服务平台和金融科技、供应链管理、政务服务等领域应用方案，完善监管机制。2021年6月，工业和信息化部、中央网络安全和信息化委员会办公室联合发布《关于加快推动区块链技术应用和产业发展的指导意见》。文件明确，到2025年，我国区块链产业综合实力应达到世界先进水平，产业应初具规模。区块链应用渗透到经济社会多个领域，在产品溯源、数据流通、供应链管理等领域，要培育一批知名产品，形成场景化示范应用。依照指导意见，我国要培育3至5家具有国际竞争力的骨干企业和一批创新引领型企业。2021年10月18日，中共中央政治局就推动我国数字经济健康发展进行第三十四次集体学习，提出到2030年，区块链产业综合实力持续提升，产业规模进一步壮大。届时，区块链将成为建设制造强国和网络强国、发展数字经济、实现国家治理体系和治理能力现代化的重要支撑。

在推动区块链技术应用、发展区块链相关产业的基础上，我国亦重视对于区块链技术的监管工作。如2018年8月24日，银保监会、中央网信办、公安部、人民银行、市场监管总局共同发布《关于防范以"虚拟货币""区块链"名义进行非法集资的风险提示》。防止不法分子打着"金融创新""区块链"的旗号，通过发行所谓"虚拟货币""虚拟资产""数字资产"等方式吸收资金，侵害公众合法权益的行为。2019年1月10日，中国网信办发布了《区块链信息服务管理规定》，2019年2月15日起施行。规定要求，区块链信息服务提供者应当在提供服务之日起十个工作日内通过国家互联网信息办公室区块链信息服务备案管理系统填报服务提供者的名称、服务类别、服务形式、应用领域、服务器地址等信息，履行备案手续。我国发布的各项区块链监管条例和规定致力于切实维护公众权

第2章 区块链在工程项目管理中应用的现状研究

益,保障了区块链技术的有序和有效推进。

作为数字经济时代的前沿技术,区块链被认为是"信任机器"和"下一代互联网",为全球经济社会的发展带来新一轮的机遇[73]。世界各国对区块链技术的研究及应用多持积极和鼓励的态度,很多国家从国家层面部署区块链。然而,与区块链相关的虚拟货币在政策监管方面仍有诸多提升空间。

全球范围来看,美国虽认可区块链技术并鼓励其发展,但是对于这种新兴技术一直保持着严谨的监管态度。美国对于区块链技术的监管依托于各机构之间的相互协作,主要有美国证券交易委员会(United States Securities and Exchange Commission,SEC),美国商品期货委员会(U. S. Commodity Futures Trading Commission,CFTC),美国金融犯罪执法网络(The Financial Crimes Enforcement Network,FinCEN)[74],美国国家税务局(Internal Revenue Service,IRS)也会发布相关准则。目前美国对于区块链的监管方向是先打击加密货币领域的违法行为,但对区块链的应用也呈现出越来越积极的态度[75]。2016 年,美国货币监理署(Office of the Comptroller of the Currency,OCC)发布其"责任创新框架",旨在监管那些正在研究区块链和其他金融技术的创业公司[76]。2017 年,美国国会宣布成立国会区块链决策委员会,行政部门呼吁发展区块链在公共部门中的应用[77]。2018 年,SEC 发布《关于数字资产证券发行与交易的声明》,并强调 SEC 支持有利于投资者和资本市场发展的技术创新,但必须遵守联邦法律框架,在监管合规的前提下有序进行,同时鼓励区块链新兴技术的创业者聘用法律顾问,必要时可寻求 SEC 的协助[78]。2019 年,随着加密货币项目 Libra(现已更名为 Diem)的诞生,美国国会针对加密货币的听证会逐渐增加[79]。对于区块链技术的态度,则从最开始的敌视,到逐渐合法化,然后进入操作层面的严格监管以及技术应用上的积极支持。2020 年,美国金融监管局加快了建立区块链监管体系的进程,更加关注区块链和数字货币的创新意义。同年美国众议院能源和商业委员会举行了立法听证会,记录了国会议员向众议院报告的《区块链创新法案》和《数字分类法法案》。2020 年 10 月 15 日,美国提出了《关键与新兴技术国家战略》,明确了 20 项"关键与新兴技术"优先领域清单,将区块链技术认定为美国国家安全技术[80]。尽管美国对于区块链技术的态度正在逐渐明朗,但考虑到其与金融证券领域等敏感领域的关联,美国针对区块链的政策环境仍相对严格。面对监管压力,许多区块链企业不得不选择在政策相对宽松的国家进行发展[75]。

在 2014 年,俄罗斯全面禁止比特币在国内的流通和使用。但在 2015 年,俄罗斯政府开始与比特币的流通和监管进行洽谈,财政部提出了一项议案,旨在限制访问允许虚拟货币发行和流通的网站,并规定参与比特币交易的个人最高可面

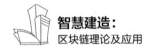

临四年监禁。随后，在2016年，财政部副部长Alexei Moiseev表示，俄罗斯将不再坚持全面禁止比特币，并传言该国将推出本国的数字货币。2017年，俄罗斯总统普京会见了以太坊创始人Vitalik Buterin，逐渐开放了对区块链行业的政策，并在议会设立了区块链专家组。然而，在2018年，俄罗斯央行以"风险高、时机不成熟"为理由，发布了对虚拟货币的警告，并正式宣布关闭比特币交易网站。2019年，俄罗斯央行再次表示反对任何"货币替代品"，央行行长Elvira Nabiullina在国家杜马会议上再次重申了这一监管态度，央行的官方推特也发布了相关信息。然而，目前俄罗斯央行正在研究数字货币将如何运作，还特别关注中国数字货币的研发情况[81]。近年来，俄罗斯政府及其相关部门对比特币等加密货币实施了持续的监管，然而对区块链技术的态度却日益积极。普京曾经指出，俄罗斯不能在区块链领域落后于其他国家。俄罗斯中央银行已在其测试平台框架内成功完成了ICO（Initial Coin Offerings）测试。金融市场发展部副主任Ivan Semagin表示，虽然许多法律问题尚未解决，但从技术角度来看，这项测试已取得了成功。另外，在2020年9月，俄罗斯第一副总理Andrei Belousov将区块链技术列入国家最高政策优先事项清单，标志着俄罗斯正式加入了区块链竞赛[82]。

英国首相、英格兰银行行长和财政大臣在不同场合表达了制定区块链监管政策的必要性。据观察，英国可能属于当前对区块链技术和数字货币最为开放的国家之一，其以"监督不监管"的立场为特点，并为全球区块链初创企业提供了极具吸引力的政策。因此，许多区块链初创公司正考虑将总部设在伦敦。在2016年，英国发布了名为《分布式账本技术：超越区块链》的白皮书，这份文件对区块链的价值予以明确肯定[83]。2018年，英国财政部、金融行为监管局和英格兰银行联合成立了"加密资产专项工作组"。同年10月，英国政府发布了一系列针对区块链行业的监管措施。2019年，英国金融监管机构FCA（金融市场行为监管局）发布了《加密货币资产指南》。该文件明确指出，根据国家监管活动令（RAO）或金融工具指令Ⅱ框架中对市场监管"金融工具"的定义，"特定投资"范畴下可纳入加密货币资产。尽管英国的加密货币市场规模并不庞大，但是近期FCA的行动频繁，英国对于区块链的报道也日益增多，预示其将很快加入采取明确监管措施的国家之列[84]。

德国将区块链技术视为具有前景的关键技术，希冀借助其带来的机遇，挖掘促进经济社会数字化转型的潜力。2013年，德国金融部将比特币认定为一种"货币单位"和"私有资产"，受到国家监管。2016年，德国政府联合德意志联邦银行召开了区块链技术机遇与挑战大会，针对分布式账本的潜在应用进行了研究，包括跨境支付、跨行转账、贸易数据存储等。2019年，德国总理Angela Merkel

第2章 区块链在工程项目管理中应用的现状研究

内阁批准了区块链战略草案，确定了政府在区块链领域的优先职责，涵盖数字身份、证券和企业融资等方面。总体而言，德国的区块链战略预计将使其成为技术创新者和投资者首选的司法管辖区[85]。

韩国对于区块链的态度一直以来并不明确，但该国的数字货币交易额较高。2016年，韩国央行在报告中提出鼓励探索区块链技术的观点。2017年，韩国金融投资协会牵头，与21家金融投资公司和5家区块链技术公司共同成立了区块链协会，旨在推动韩国在区块链行业的布局。同年，韩国金融服务委员会（FSC）禁止国内公司参与ICO，认为代币发行融资违反了资本市场法，并对参与ICO的人员实施了严厉的处罚。2018年，韩国科学技术信息服务部发布《区块链技术发展战略》，韩国政府亦将区块链作为税收减免对象，鼓励企业参与区块链领域[86]。同年5月，韩国国民议会提出解除ICO禁令的提案，并于6月正式解禁ICO，但ICO仍然面临严格的监管。2019年，韩国互联网与安全局联手韩国科学技术信息通信部，将区块链示范项目数量进行扩大。作为全球第11大经济体，韩国在数字技术创新领域相对成熟。由于地缘政治的影响，韩国最快的网速和高度完善的电信系统为该国数字货币投资者提供了更多机会[87]。

日本在区块链领域相对开放，但在监管方面仍持谨慎态度。早期，日本政府鼓励区块链的发展，但随后转向更加注重监管合规。当前，日本央行主要关注数字资产并尝试推进一些区块链项目。2014年，世界最大的比特币交易机构——日本Mt.Gox遭到巨额比特币盗窃，使得日本监管机构一度加强对区块链和虚拟货币的监管。2016年，日本内阁通过投票将比特币和数字货币视为数字等价货币。2017年，日本实施《支付服务法案》，正式承认比特币是合法的支付方式，并对数字资产交易所提出了明确的监管要求[83]。同年，日本新版消费税生效，比特币交易不再受到8%消费税的影响。2018年，日本金融厅提出对虚拟货币进行严格注册审查和监控。该部门还表示，修改后的代币发行监管法规将对ICO的投资上限进行限额。2019年，日本虚拟货币商业协会发布了"关于ICO新监管的建议"。同年，《资金结算法》和《金商法》修正案加强了对虚拟货币兑换和交易规则的监管措施。日本区块链和金融领域的发展基础雄厚。一方面，Mt.Gox事件的发生使日本对该领域保持谨慎；另一方面，日本政府接纳了比特币作为一种支付手段。其中，东京限额交易市场是世界上第一个为建筑行业设立的限额交易市场[88]。

泰国在其他国家对于区块链技术持怀疑态度之时，就早早地做好了区块链技术的布局。为此，泰国还修改了税收法案，将加密货币公司纳入纳税范围。2013年，泰国央行宣布比特币非法，并禁止其流通交易，成为全球首个禁止比特币使

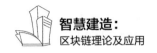

用的国家。然而，仅仅6个月后，泰国央行有条件地解禁了比特币。2014年，泰国最大的比特币交易网站Bitcoin.co.th恢复了正常交易。泰国央行允许了比特币的流通和交易，但要求交易仅限于泰国国内，并以泰铢结算，不得涉及其他外币。2017年，泰国持牌交易所THcion获得泰国央行和商务部的许可，并开始全球经营。2018年，泰国政府对加密货币项目和交易所表示了欢迎。在短时间内，泰国政府推出了区块链行业新法令《数字资产商业法令》，各监管机构开始颁发加密货币公司许可证，并允许成立加密货币交易所和进行ICO。2019年，泰国央行表示正在开发自己的区块链环境和加密货币，以便在更快、更实时的系统中进行银行间结算。尽管泰国对加密货币持友好态度，但对于安全问题绝不懈怠。目前，泰国正在严格监管加密货币行业中的各种欺诈信息，作为东南亚最具潜力的新兴市场之一，泰国政府积极转变监管态度，完善相关立法，紧跟数字领域的发展脚步。泰国的区块链技术在整个东南亚地区相对领先[89]。

比特币是区块链技术的首个应用实例。尽管比特币带来了众多便利，但其内在特性也伴随了一系列风险。在此背景下，为保护人民群众的财产安全，维护金融市场的安全稳定，我国打击比特币的交易炒作行为。在当前的数字经济时代，区块链技术对于提升经济运行效率、推动产业转型升级具有重要的作用。我国支持区块链技术的发展，并积极推动其应用。由于区块链技术由比特币推导而来，本书介绍比特币在全球的发展过程，只是为间接地说明区块链的产生和发展，而本书的研究目的是抽取比特币的基本的技术原理，用于讨论区块链技术在工程管理领域中的应用。

2.1.2 国内外建筑业区块链政策内容分析

（1）国内建筑业区块链政策

截至2021年12月31日，我国国家层面和地方层面的区块链相关政策如表2.1-1、表2.1-2所示。

自我国于2013年第一次提出《针对比特币风险的防范通知》，并于2016年第一次发布区块链相关政策以来，依据政策内容分析，我国中央政府、各部委及地方层面的区块链政策主要分为三个发展阶段：

第一阶段：2013年至2016年，政策监管阶段。区块链相关政策很少（共计5条），出台了关于防范比特币风险的通知文件，对区块链技术的引进做了初步规划，且与其他新兴技术一并提及，区块链技术在我国发展缓慢。

第二阶段：2016年至2018年，探索及规划阶段。对区块链的发展现状进行了调查，并出台了一系列的规划文件。

第2章 区块链在工程项目管理中应用的现状研究

表 2.1-1 我国国家层面区块链政策

发文时间	发文机构	发文号	政策名称	政策要点	政策角度
2013年	中国人民银行、工信部、中国银行业监督管理委员会		关于防范比特币风险的通知	提出要加强比特币互联网站的管理，防范比特币可能产生的洗钱风险	监管
2016年10月18日	工信部		《中国区块链技术和应用发展白皮书（2016）》	总结了区块链发展现状及典型应用场景，分析了关键核心技术及区块链技术发展趋势，提出了我国区块链技术发展路线图和标准化路线图	技术发展标准化
2016年12月15日	国务院	国发〔2016〕73号	"十三五"国家信息化规划	两次提及"区块链"关键词，强调加强区块链等新技术基础研发和前沿布局，提出区块链等新赛场创新达到国际先进水平等要求	技术支持与推广
2016年12月18日	工信部	工信部规〔2016〕425号	软件和信息技术服务业发展规划（2016—2020年）		技术发展标准化
2016年12月18日	工信部	工信部规〔2016〕412号	大数据产业发展规划（2016—2020年）	支持区块链等前沿技术创新，提升数据分析处理和知识发现能力	技术支持与推广
2017年1月20日	国务院		关于创新管理优化服务培育壮大经济发展新动能加快新旧动能接续转换的意见	提出要创新体制机制，在人工智能、区块链、能源互联网、大数据等交叉融合领域构建若干产业创新中心和创新网络	技术支持与推广
2017年1月	商务部		进一步推进国家电子商务示范基地建设工作的指导意见	推动示范基地创业解化，推进区块链、人工智能、物联网、大数据、云计算等技术的创新应用	技术支持与推广
2017年3月	工信部		云计算发展三年行动计划（2017—2019年）	开展区块链、人工智能等新技术、新业务的研发并使其产业化	产业化
2017年7月20日	国务院		新一代人工智能发展规划	指出促进区块链技术社会信用相融合，建立新型社会信用体系，最大限度降低人际交往成本和风险	技术支持与推广

续表

发文时间	发文机构	发文号	政策名称	政策要点	政策角度
2017年8月	国务院	国发〔2017〕40号	关于进一步扩大和升级信息消费持续释放内需潜力的指导意见	明确提出进行根据区块链、人工智能技术等新技术应用的示范点运用	技术支持与推广
2017年9月	互联网金融风险专项整治工作领导小组办公室		关于对代币发行融资开展清理整顿工作的通知	全面停止新发行代币代币发行融资活动，建立对于该活动的监测机制，打击违法违规行为	监管
2017年9月	中国人民银行、中央网信办、工信部、工商总局、银监会、证监会、保监会		关于防范代币发行融资风险的公告	要求即日停止各类代币的发行融资活动，对已完成代币发行融资的组织和个人作出清退等安排	监管
2017年10月13日	国务院		关于积极推进供应链创新与应用的指导意见	提出要研究利用区块链等新兴技术，建立基于供应链的信用评价机制	技术应用研究
2017年11月27日	国务院	国办发〔2017〕84号	关于深化"互联网+先进制造业"发展工业互联网的指导意见	指出要促进区块链等新兴前沿技术在工业互联网中的应用研究和探索	技术应用研究
2017年12月	国家邮政局		关于推进邮政业服务"一带一路"建设的指导意见	与沿线国家交流邮政业和区块链、大数据、互联网、云计算、人工智能等融合发展的经验，开展科技应用示范	技术应用研究
2018年1月	央行支付结算处		关于开展为非法虚拟货币交易提供支付服务自查整改工作的通知	要求各单位及分支机构开展自查整改工作，严禁为虚拟货币交易提供服务，防止支付通道用于虚拟货币交易，对于已发现的虚拟货币交易，及时关闭支付通道	监管
2018年2月	工信部		关于组织开展信息消费试点示范项目申报工作的通知	积极探索利用区块链技术开展信息物流的全程监测	监管
2018年3月	工信部		2018年信息化和软件服务业标准化工作要点	推动组建全国区块链和分布式记账技术标准化委员会，推动组建全国信息化和工业化融合管理标准化技术委员会	技术发展标准化
2018年4月	教育部		教育信息化2.0行动计划	提出积极探索基于区块链技术的智能学习效果记录、转移、交换、认证等有效方式，推进信息技术和智能技术深度融入教育教学	技术应用研究

第 2 章 区块链在工程项目管理中应用的现状研究

续表

发文时间	发文机构	发文号	政策名称	政策要点	政策角度
2018年6月	工信部		工业互联网发展行动计划（2018—2020年）	提出增强区块链技术的研发应用，鼓励推进区块链、边缘计算等前沿技术的应用研究	技术支持与推广
2018年8月	银保监会、中央网信办、公安部、人民银行、市场监管总局		关于防范以"区块链""虚拟货币"名义进行非法集资的风险提示	防止不法分子通过发行所谓"虚拟货币""数字资产"等方式吸收资金	监管
2018年10月	工信部		"十三五"国家信息化规划的通知	积极构建完善区块链标准体系，加快推动重点标准研制和应用的推广	技术支持与推广
2019年2月15日	中央网信办	国家互联网信息办公室令第3号	区块链信息服务管理规定	区块链信息服务提供者应当在提供服务之日起十个工作日内通过国家互联网信息办公室区块链信息服务备案管理系统填报	监管
2019年9月	国务院		交通强国建设纲要	推动大数据、区块链等新技术与交通行业深度融合	技术支持与推广
2019年10月21日	国务院		国务院关于加强和规范事中事后监管的指导意见	指出依托区块链等新技术推动监管创新	技术支持与推广
2021年1月13日	工信部	工信部信管〔2020〕197号	工业互联网创新发展行动计划（2021—2023年）	文件指出，到2023年，工业互联网、产业质量发展显著提升。其中多个方面涉及了区块链技术	技术支持与推广
2021年1月21日	最高人民法院		人民法院在线办理案件的若干规定（意见稿）	详述区块链证据效力及审查规则	监管
2021年1月31日	中共中央办公厅、国务院办公厅		建设高标准市场体系行动方案	强调加大新型基础设施投资力度，推动区块链等新技术基础设施建设	技术支持与推广
2021年2月4日	工信部		关于组织开展2021年大数据产业发展试点示范项目申报工作的通知	提到鼓励大数据在金融领域风控管理、数字货币等方面的创新应用	技术应用研究

续表

发文时间	发文机构	发文号	政策名称	政策要点	政策角度
2021年2月25日	科技部、深圳市人民政府		中国特色社会主义先行示范区科技创新行动方案	方案为支持深圳强化关键核心技术攻关，集中突破区块链等技术作出了详细部署	技术支持与推广
2021年3月3日	国务院办公厅		《优化营商环境条例》实施情况第三方评估发现的部分创新举措	提到广州等地运用区块链技术构建公共资源交易平台的做法位列15项创新举措榜首	技术应用研究
2021年3月13日	国务院		中华人民共和国国民经济和社会发展第十四个五年规划和2035年远景目标纲要	指出计划推动智能合约、共识算法、加密算法、分布式系统等区块链技术创新，以联盟链为重点发展区块链服务平台与金融科技、供应链管理、政府服务等领域应用方案、完善监管机制	技术支持与推广
2021年3月24日	中共中央办公厅、国务院		关于进一步深化税收征管改革的意见	提到要探索区块链技术在社会保险费征收、房地产交易和不动产登记等方面的应用。要求到2025年基本建成强大的智慧税务	技术应用研究
2021年3月25日	国家发展改革委、中央网信办、教育部、工信部、财政部、人力资源社会保障部、自然资源部、住房和城乡建设部、交通运输部、农业农村部、商务部、文化和旅游部、国家卫生健康委、人民银行、海关总署、税务总局、市场监管总局、广电总局、体育总局、国家统计局、国家医保局、证监会、银保监会、国家邮政局、国家中医药局、国家药监局、国家知识产权局		加快培育新型消费实施方案	提到将加快制定并推动实施大数据、云计算、区块链等领域相关标准，加强对新技术金融应用的规范	监管

22

续表

发文时间	发文机构	发文号	政策名称	政策要点	政策角度
2021年3月26日	最高人民法院		关于人民法院为北京市国家服务业扩大开放综合示范区、中国（北京）自由贸易试验区建设提供司法服务和保障的意见	提到要加强对区块链等科技变革和产业变革前沿领域的司法保护力度，总结提炼科技保护新规则	技术支持与推广
2021年5月27日	工信部、中央网信办	工信部联信发〔2021〕62号	关于加快推动区块链技术应用和产业发展的指导意见	明确到2025年，区块链产业综合实力达到世界先进水平，产业初具规模；到2030年，区块链产业综合实力持续提升，产业规模进一步壮大	技术支持与推广
2021年6月18日	中央网信办		区块链信息服务管理规定	发布第五批共233个境内区块链信息服务名称及备案编号，要求区块链信息服务提供者应在其对外提供服务的互联网站、应用程序等显著位置标明其备案编号	监管
2021年7月1日	教育部、中央网信办、国家发展改革委、工信部、财政部、中国人民银行	教科信〔2021〕2号	关于推进教育新型基础设施建设构建高质量教育支撑体系的指导意见	提到要深入应用5G、人工智能、大数据、云计算、区块链等新一代信息技术，推动教育数字转型；同时要利用区块链技术保护知识产权，提高资源监管效率	产业化
2021年7月9日	国务院办公厅		国务院办公厅关于加快发展外贸新业态新模式的意见	提到要探索区块链技术在贸易细分领域中的应用；到2025年，形成一批影响力较强的外贸细分服务平台国际，并将加快贸易金融区块链平台建设	技术支持与推广
2021年7月12日	工信部		网络安全产业高质量发展三年行动计划（2021—2023年）（征求意见稿）	提到要"加速应用基于区块链的防护技术，推进多方认证，可信数据共享等技术产品发展"，并推动区块链、数据水印等隐私保护和流向溯源技术实用化部署和普及应用	技术应用研究

23

续表

发文时间	发文机构	发文号	政策名称	政策要点	政策角度
2021年7月15日	中共中央、国务院		关于支持浦东新区高水平改革开放 打造社会主义现代化建设引领区的意见	提到为完善金融基础设施和制度,将在上海浦东新区"构建贸易金融区块链标准体系、开展法定数字货币试点"	技术支持与推广
2021年7月24日	国家发展改革委、国家能源局		关于加快推动新型储能发展的指导意见	提到要依托大数据、云计算、人工智能、区块链等新技术,结合体制机制综合创新,探索智慧能源、虚拟电厂等多种商业模式	技术应用研究
2021年9月10日	工信部、中央网信办、科学技术部、生态环境部、住房和城乡建设部、农业农村部、国家卫生健康委员会、国家能源局	工信部联科〔2021〕130号	物联网新型基础设施建设三年行动计划(2021—2023年)	提到预计到2023年底,物联网与区块链等技术深度融合应用取得新突破;在重点任务上,要推动"区块链+物联网",建立基于感知终端的信用体系、保障数据确权和价值流通	技术应用研究
2021年9月24日	国家发展改革委、中央宣传部、中央网信办、工信部、公安部、财政部、人民银行、税务总局、市场监管总局、银保监会、国家能源局		关于整治虚拟货币"挖矿"活动的通知	指出强化新增虚拟货币"挖矿"项目能耗双控约束	监管
2021年9月24日	中国人民银行、中央网信办、最高人民法院、最高人民检察院、工信部、公安部、市场监管总局、银保监会、证监会、外汇局		进一步防范和处置虚拟货币交易炒作风险的通知	明确指出金融机构和非银行支付机构不得为虚拟货币相关业务活动提供服务等	监管
2021年9月28日	最高人民法院		关于深化人民法院一站式多元解纷机制建设 推动矛盾纠纷源头化解的实施意见	提到要运用区块链技术,将裁判规则、交易规范等嵌入互联网平台,实现风险预警和自动提示,督促诚信履约	技术应用研究

第 2 章 区块链在工程项目管理中应用的现状研究

续表

发文时间	发文机构	发文号	政策名称	政策要点	政策角度
2021年10月10日	中共中央、国务院		国家标准化发展纲要	提到加强关键技术领域标准研究，在两化融合、新一代信息技术、大数据、区块链等应用前景广阔的技术领域同步部署技术研发，标准研制与产业推广；促进部署技术研发，标准研制与产业融合发展。通过人工智能、大数据、区块链等新一代信息技术的综合应用，完善质量管理，促进质量提升	技术支持与推广
2021年10月20日	中共中央、国务院		成渝地区双城经济圈建设规划纲要	要求各地区合力打造数字产业新高地，培育区块链、超高清视频等创新创业联手打造具有国际竞争力的电子信息产业集群	技术支持与推广
2021年10月20日	工信部、民政部、国家卫生健康委		智慧健康养老产业发展行动计划（2021—2025年）	提到要推动区块链等新一代信息技术在健康及养老领域的集成创新和融合应用；推进区块链等新一代信息技术以及移动终端、可穿戴设备、服务机器人等智能场景集成应用：机构养老等老场景集成应用；运用区块链等技术智慧助老、互助养老	技术应用研究
2021年10月	中央网信办、中央宣传部、国务院办公厅（电子政务办公室）、最高人民法院、最高人民检察院、教育部、工信部、民政部、司法部、人力资源社会保障部、国家卫生健康委、中国人民银行、国务院国资委、中国银保监会、中国证监会、国家能源局、国家外汇管理局	中网办秘字〔2021〕1482号	关于组织申报区块链创新应用试点的通知	面向试点工作内容中实体经济、社会治理、民生服务、金融科技等四个大类16个领域开展区块链技术行业特性试点	技术应用研究

续表

发文时间	发文机构	发文号	政策名称	政策要点	政策角度
2021年11月5日	中央网信办		提升全民数字素养与技能行动纲要	指出引导支持新兴职业群体，积极利用5G、人工智能、虚拟现实、大数据、区块链等数字技术创新创业	技术支持与推广
2021年11月9日	中央网信办		区块链信息服务管理规定	发布第六批境内区块链信息服务备案清单，共202个区块链信息服务备案名称及备案编号。要求区块链信息服务提供者应当在其对外提供服务显著位置标明其备案编号、应用程序等互联网站，备案仅是对主题区块链信息服务相关情况的登记，不代表对其机构、产品和服务的认可	监管
2021年11月14日	国务院办公厅		全国一体化政务服务平台移动端建设指南	提到坚持创新驱动，积极运用大数据、区块链、人工智能等手段，提升政务服务个性化、智慧化水平；发挥区块链在促进数据共享、优化业务流程、提升协同效率、强化安全保障等方面的作用	技术应用研究
2021年11月16日	工信部		"十四五"信息通信行业发展规划	指出建设区块链公共基础设施，推进基于联盟链的区块链公共基础网络建设，构建基于分布式标识的区块链基础设施，支持云化部署的通用型和专用型区块链公共服务平台建设	技术支持与推广
2021年11月19日	国务院促进中小企业发展工作领导小组办公室		提升中小企业竞争力若干措施	指出深入实施中小微企业金融服务能力提升工程，支持金融机构深化运用大数据、人工智能、区块链等技术手段，改进授信审批和风险管理模型	技术应用研究

第2章 区块链在工程项目管理中应用的现状研究

续表

发文时间	发文机构	发文号	政策名称	政策要点	政策角度
2021年11月30日	工信部		"十四五"大数据产业发展规划	提到加强技术创新，促进前沿领域技术融合，推动大数据与人工智能、区块链、边缘计算等新一代信息技术集成创新	技术支持与推广
2021年11月	国家发展改革委、科技部、工信部、自然资源部、国家开发银行		"十四五"支持老工业城市和资源型城市产业转型升级示范区高质量实施方案	指出深化信息技术与制造业融合发展，支持有条件的城市培育壮大人工智能、大数据、区块链、云计算、网络安全等数字产业	技术支持与推广
2021年12月1日	工信部		"十四五"信息化和工业化深度融合发展规划	提出开展人工智能、区块链、数字孪生等前沿产业关键技术攻关；推动数据赋能全产业链协同转型，深化应用5G、工业互联网、大数据、区块链等新一代信息技术，重构产业链的结构、流程与模式	技术应用研究
2021年12月8日	国务院		关于进一步贯彻实施《中华人民共和国行政处罚法》的通知	指出要综合运用大数据、物联网、云计算、区块链、人工智能等技术，先行推进行政处罚事项协助、监督标准互通、违法线索互联、处理结果互认	技术应用研究
2021年12月12日	国务院办公厅		"十四五"冷链物流发展规划	指出一是加强冷链智能技术装备应用，推动大数据、物联网、5G、区块链、人工智能等技术在冷链物流领域广泛应用；二是推动区块链技术在冷链物流智慧监管、加快区块链技术在冷链建设中的应用，反映真实性，提高追溯信息的真实性和可信度	技术应用研究

续表

发文时间	发文机构	发文号	政策名称	政策要点	政策角度
2021年12月27日	中央网信办		"十四五"国家信息化规划	提到一是推进区块链技术应用和产业生态健康有序发展，着力推进密码学、共识机制、智能合约安全可控、可持续发展的底层技术平台和区块链开源社区。支持建设区块链标准规范体系，加强区块链技术测试和评估，制定关键基础领域区块链行业应用标准规范；开展区块链应用创新试点、政务服务、金融科技、供应链服务、政务服务、商业科技等领域开展应用示范。同时强调了区块链发展的必要性并提出相应措施	技术支持与推广

28

第2章 区块链在工程项目管理中应用的现状研究

表 2.1-2 我国地方层面区块链政策

发文时间	发文省市	政策名称	政策要点
2016年4月	宁夏回族自治区	重要产品追溯体系建设示范工作评估验收指南	2016年以来区块链立体化溯源体系建设覆盖了盐池县8个乡镇
2016年8月	北京市	北京市金融工作局2016年度绩效任务	推动设立了中关村区块链联盟，推进北京市金融发展环境建设
2016年11月	广东省	深圳市金融业发展"十三五"规划	支持金融机构加强对区块链、数字货币等新兴技术的研究和探索
2016年12月	北京市	北京市"十三五"时期金融业发展规划	将区块链归为互联网金融的一项技术并致动其发展
2016年12月	浙江省	关于推进钱塘江金融港湾建设的若干意见	提出积极引进区块链企业入驻以推进钱塘江金融港湾建设
2016年12月	广东省	广州市加快IAB产业发展5年行动计划（2018—2022年）	明确区块链技术属于重点发展领域和方向
2017年2月	江苏省	"十三五"智慧南京发展规划	明确提出要使区块链等新技术创造突破并扩得实际应用
2017年2月	贵州省	贵州省数字经济发展规划（2017—2020年）	提出建设区块链数字资产交易平台，构建区块链应用标准体系等目标
2017年3月	江苏省	南京市"十三五"金融业发展规划	强调要以区块链、大数据、人工智能、云计算技术为核心推进金融科技在征信投信、风险控制等领域的广泛应用
2017年4月	北京市	中关村国家自主创新示范区促进科技金融深度融合发展支持资金管理办法	开展人工智能、区块链、量化投资、智能金融等相关项目资金支持
2017年4月	上海市	互联网金融从业机构区块链技术应用自律规则	发布国内首个互联网金融行业区块链自律规则，包含系统风险防范、监管等12条内容
2017年4月	湖北省	关于进一步降低企业成本振兴实体经济的意见	倡导积极发展金融科技，增强区块链、云计算技术在征信、金融中介、风险防范等领域的应用
2017年4月	海南省	加快推进"互联网+"行动实施方案	支持利用区块链技术推动金融创新发展，并开发基于区块链技术和应用平台的互联网金融示范应用
2017年5月	浙江省	关于打造西湖各区区块链产业的政策意见（试行）	为入驻产业园的企业和人才给予大量补贴以推进区块链产业的发展

续表

发文时间	发文省市	政策名称	政策要点
2017年5月	贵州省	支持区块链发展和应用的试行政策措施	推出促进区块链技术创新及应用的十条政策措施（试行），提供政策支持
2017年6月	天津市	天津市贯彻国家信息产业发展指南实施方案	提出提升区块链、开发运营一体化等方面的关键技术服务能力
2017年6月	内蒙古自治区	2017年自治区大数据发展工作要点	要求加强区块链及信息安全与隐私保护等领域的技术和产品的研发
2017年6月	浙江省	关于推进钱塘江金融港湾建设的实施意见	发布关于推进钱塘江金融港湾建设的实施意见，推动区块链等新兴技术在金融机构中的探索
2017年6月	山东省	关于加强区块链产业发展的意见	提出力争到2020年形成一套区块链可视化标准，打造可复制推广的应用模板，引进和培育一批区块链创新企业
2017年6月	贵州省	关于支持区块链发展和应用的若干政策措施（试行）	下发关于区块链发展和应用的实行政策措施，在政策上扶植区块链产业的发展
2017年7月	海南省	海南省推动实体零售创新转型实施方案	提出建立健全重要商品追溯体系和商品质量标准体系，其中商品追溯就是区块链技术应用的一个理想场景
2017年7月	四川省	成都高新区关于发展新经济培育新动能的若干政策	明确提出对开展区块链等业务纳入重点招商引资范畴，给予最高500万元补贴
2017年8月	山西省	山西省招商引资重点产业指导目录	将区块链相关软件产品和服务纳入重点招商引资范畴
2017年8月	黑龙江省	黑龙江省国民经济和社会发展信息化"十三五"规划	提出支持区块链等新兴技术基础研发和前沿布局
2017年8月	四川省	关于创新要素供给培育产业生态提升国家中心城市产业能级财政金融政策措施的实施细则	鼓励发展金融科技产业，支持区块链、大数据、云计算等新一代信息技术与金融领域的深度融合
2017年9月	北京市	发展基于区块链都绿色金融体系的实施办法	发展基于区块链等新兴技术的绿色金融信息基础设施建设，提高绿色金融项目的安全保障水平
2017年9月	江西省	江西省"十三五"建设绿色金融体系规划	鼓励发展区块链安全技术等互联网金融业务，推动其应用于金融业务

续表

发文时间	发文省市	政策名称	政策要点
2017年10月	天津市	天津市供应链体系建设项目和资金管理办法	利用区块链、大数据、物联网、云计算、人工智能等方式,提高供应链协同效率
2017年10月	河南省	中国(河南)自由贸易试验区建设专项方案	提出运用大数据、区块链、人工智能等新技术设立供应链金融公司等,培育场景化金融生态圈
2017年10月	江苏省	互联网+政务服务+普惠金融便民服务应用协同区块链支撑平台项目方案	利用区块链技术解决政府部门政务系统与银行业务系统的打通问题
2017年10月	安徽省	促进大数据产业发展若干政策	提出重点扶持铜陵市大数据技术研究及产品开发企业,包括区块链企业
2017年10月	广东省	深圳市人民政府关于印发扶持金融业发展若干措施的通知	提出重点奖励区块链、数字货币、金融大数据运用等领域的优秀项目,鼓励金融创新
2017年11月	天津市	天津市进一步扩大和升级信息消费实施方案	开展基于区块链、人工智能等前沿技术的试点应用,加快发展位置服务、社交网络服务等,并推动智能应用
2017年11月	浙江省	关于进一步加快软件和信息服务业发展的实施意见(代拟稿)	提出要加快推动区块链、云计算、大数据、物联网等技术在物流运输领域的研究和产品创新
2017年11月	安徽省	淮北市物流业"十三五"发展规划	提出加快推动区块链、云计算、大数据、物联网等技术在物流运输领域的应用
2017年11月	广西壮族自治区	广西进一步扩大和升级信息消费潜力释放内需若干实施方案	倡议大力发展软件和信息技术服务业,开展基于区块链、人工智能等新技术的试点运用
2017年11月	重庆市	关于加快区块链产业培育及创新应用的意见	提出到2020年力争全市打造2～5个区块链产业基地,拥有核心技术或成长型的区块链企业50家以上,初步形成国内重要的区块链产业高地和创新应用基地
2017年12月	内蒙古自治区	内蒙古自治区大数据发展总体规划(2017—2020年)	提出加强区块链、多方安全计算、数据匿名化等数据融合关键技术的研发应用
2017年12月	江苏省	9条区块链扶持政策(苏州市高铁新城发布)	向社会公开放首批15个区块链应用场景、平台奖励、应用奖励、技术奖励、吸引区块链企业和人才
2017年12月	广东省	广州市黄埔区广州开发区促进区块链产业发展办法	核心条款涵盖成长奖励、活动补贴等,预计促进区块链产业发展每年将增加2亿元左右的财政收入

续表

发文时间	发文省市	政策名称	政策要点
2018年1月	上海市	2018年上海市教育委员会工作要点	推荐基于区块链和人工智能技术的教育示范应用
2018年1月	福建省	关于加快全省工业数字经济发展的意见	推动区块链在社会治理、资产管理、社会救助等领域的应用
2018年1月	江西省	赣江新区建设绿色金融改革创新试验区实施细则	推广运用区块链、大数据、云计算等技术，服务绿色金融发展
2018年1月	甘肃省	关于积极推进供应链创新与应用的实施意见	研究利用区块链等技术，建立和完善基于区块链的信用评价机制
2018年2月	河北省	关于加快推进工业转型升级建设现代化工业体系的指导意见	提出要积极培育发展区块链等技术应用于未来产业
2018年2月	河北省	河北省战略性新兴产业发展未来三年行动计划	支持开展海量数据存储、集群资源调度、区块链等前沿技术研发，推动在行业大数据分析、预测、决策等方面的应用
2018年2月	浙江省	杭州城东智造大走廊发展规划纲要	提出加快区块链层架构协议、底层技术、共识算法等技术的研发和应用，打造全球区块链信息共享平台
2018年2月	安徽省	关于进一步扩大和升级信息消费持续释放内需潜力的意见	开展基于区块链、人工智能等技术的试点应用，加快在工业控制、智能工厂等领域的发展
2018年2月	辽宁省	关于积极推进供应链创新与应用的实施意见	提出建立和完善基于区块链的信用评价制度和行业信用评估标准
2018年2月	贵州省	贵州省实施"万企融合"大行动、打好"数字经济"攻坚战方案	强调加快壮大区块链、人工智能、物联网等新业态，优化实体经济结构，提升融合发展质量
2018年2月	香港特别行政区	证监会告诫投资者防范加密货币风险	指出涉及ICO的数字货币将会被认为是证券，将被纳入监管
2018年3月	广东省	关于组织实施深圳市战略性新兴产业新一代信息技术信息安全专项2018年第二批扶持计划的通知	明确区块链属于扶持领域
2018年3月	陕西省	关于加强智慧医疗建设和应用工作的实施意见	提出咸阳市卫计局、市信息办要积极探索基于区块链技术的数字医疗技术与服务

第 2 章 区块链在工程项目管理中应用的现状研究

续表

发文时间	发文省市	政策名称	政策要点
2018年3月	重庆市	关于贯彻落实推进供应链创新与应用指导意见任务分工的通知	提出研究利用区块链、人工智能等技术建立基于供应链的信用评价机制
2018年4月	安徽省	深化"互联网+先进制造业"发展工业互联网的实施意见	促进区块链、人工智能等前沿技术在工业互联网中的应用研究
2018年4月	河北省	河北雄安新区规划纲要	超前布局区块链、太赫兹、认知计算等技术的研发和试验
2018年4月	福建省	关于深化"互联网+先进制造业"发展工业互联网实施意见	提出加强应用区块链、人工智能等新兴产业技术支持
2018年4月	贵州省	关于积极推进供应链创新与应用的指导意见	鼓励利用区块链、人工智能等技术建立基于供应链的信用评价机制
2018年5月	湖北省	加快推动高质量发展重点产业领域高层次人才项目推荐选拔意见（征求意见稿）	推进人工智能、区块链、大数据、云计算产业创新和融合，培育区块链等技术新业态
2018年5月	浙江省	高层次人才项目推荐选拔重点产业引导目录	引导杭州在区块链、新能源汽车、云计算等相关联的产业领域大力引进高层次人才
2018年5月	吉林省	关于加快引进和培育我省区块链产业的建议	指出区块链作为一个迭代性的重大创新技术正在加速推进数字经济发展
2018年6月	湖南省	长沙经开区关于支持区块链产业发展的政策（试行）	给予区块链企业3年内最高200万元的扶持资金，设立总额30亿元的区块链产业基金
2018年6月	甘肃省	甘肃省节能环保产业专项行动计划	提出利用区块链等新技术，加速互联网与节能环保产业实体经济的融合
2018年6月	重庆市	渝中区以大数据智能化为引领的创新驱动发展战略行动计划实施方案	提出大力推动智能建造和工业互联网发展
2018年6月	澳门特别行政区	关于ICO私募的警告	警告公众加密货币存在欺诈和犯罪活动的可能性，提出加密货币不是法定货币或者金融工具
2018年6月	台湾省	推动区块链连线暨"台湾区块链议会联盟"的协议会组织自律组织建新的议会（TPCB）	推动监管政策出台以促进区块链的健康发展，保护投资者权益

33

续表

发文时间	发文省市	政策名称	政策要点
2018年7月	山东省	关于开展质量提升行动的实施方案	提出积极探索区块链技术在质量体系建设中的应用,推动产品质量保险等相关金融业务发展
2018年7月	四川省	关于积极探索区块链技术发展应用的决定	提出积极探索区块链,增强现实技术发展应用,抢占数字经济发展制高点
2018年8月	广西壮族自治区	广西数字经济发展三年行动计划(2018—2020年)	探索区块链技术应用场景,推动区块链与数据交易、金融、物流等行业的广泛深度融合
2018年8月	吉林省	关于加快数字经济发展建设推动老工业基地全面振兴发展的意见	提出持续推进区块链、互联网、大数据等技术与实体经济的广泛深入融合,重点推进企业区块链云平台和工业互联网平台建设
2018年8月	陕西省	西安市推进企业上市和并购重组"龙门行动"计划(2018—2021年)	大力支持以区块链等新兴技术为代表的上市科技企业创新发展
2018年8月	四川省	成都市网络信息安全产业发展规划(2018—2022年)	提出成都市将适时制定区块链等新领域安全产业发展专项政策
2018年9月	上海市	促进区块链发展的若干政策规定(试行)	为扶持区块链行业的发展,给出了12条政策性支持,包括办公补贴、联盟支持、融资支持等
2018年9月	江苏省	南京优化营商环境100条	提出完善金融信用服务,在App上建设科技区块链金融征信平台
2018年9月	江西省	关于深化"互联网+先进制造业"发展工业互联网的实施意见	提出加快区块链等新兴前沿技术在工业互联网中的应用研究和探索,形成一批拥有自主知识产权的核心技术
2018年9月	广西壮族自治区	广西数字经济发展规划(2018—2025年)	提出重点培育区块链、大数据、云计算等数字业,提前布局未来网络等新兴前沿领域
2018年11月	北京市	北京市促进金融科技发展规划(2018—2022年)	将区块链技术纳入北京市金融科技发展规划的范畴
2018年11月	青海省	关于印发2018年全省重大前期项目工作的通知	围绕加快信息深度融合发展,重点推进完善泽普达木区块链技术数据中心等项目建设
2018年11月	珠海市	横琴新区区块链产业发展扶持暂行办法	要求大力发展横琴新区区块链技术,推动粤港澳大湾区区块链技术创新,支持区块链技术应用和发展

34

第 2 章 区块链在工程项目管理中应用的现状研究

续表

发文时间	发文省市	政策名称	政策要点
2018年11月	香港特别行政区	香港证监会对虚拟资产最新的监管方针	指出加密货币相关基金和销售平台只可以向专业投资者销售,需要在香港证监会注册
2018年11月	台湾省	修订《反洗钱法》《防止恐怖主义融资法》	规定加密货币交易属于现金的管辖范围,要求虚拟货币平台实名制
2018年12月	北京市	关于支持北京金融科技与专业服务创新示范区(西城区域)建设若干措施	大力扶持金融科技应用示范,对人工智能、区块链、智能金融等前沿技术创新给予最高1000万元的资金奖励,切实助力产业和经济发展
2018年12月	福建省	福建省口岸通关进一步提效降费 促进跨境贸易便利化实施方案	提出应用区块链技术实现主要国际贸易环节的跟踪管理
2018年12月	重庆市	关于开展中小企业商业价信用贷款改革试点工作的通知	提出利用区块链、大数据等技术创新中小企业商业价值评价体系;利用区块链技术先进技术记录涉企数据来源,建立相应的数据安全保密责任制度
2019年2月	长沙市	关于加快区块链产业发展的意见	未来3年,长沙将加强核心技术攻关,推动典型示范应用,构建产业发展生态,提升风险防控能力,打造全国有影响力的区块链产业集聚地和示范应用基地
2019年8月	广州市	广州市深化商事制度改革实施方案	提出要推进区块链+商事服务改革试点
2019年8月	四川省	工业互联网发展实施意见	提出加快区块链等技术的应用研究和探索
2019年8月	河北省	中国(河北)自由贸易试验区总体方案	指出雄安新区将重点推进基于区块链技术的大数据可信交易
2019年9月	重庆市	关于加强金融服务民营企业的具体措施	鼓励运用区块链技术推进基于区块链技术提供线上贷款渠道
2019年10月	青岛市	青岛市市北区科学技术局市北区区块链产业发展的意见(试行)	规范应用北区区块链技术及产业发展,促进市北区区块链技术及相关服务的健康发展
2019年10月	昆明市	支持数字经济发展的若干政策(征求意见稿)	支持企业围绕重大工程建设,开展区块链等应用的典型场景的示范应用
2019年11月	海南省	海南省大数据开发应用条例	条例正式施行,包含区块链等七大应用
2019年11月	长沙市	关于进一步推进"四新"经济发展意见	提出将打造区块链等新技术应用

35

续表

发文时间	发文省市	政策名称	政策要点
2019年11月	株洲市	株洲市电子信息产业发展规划（2018—2025年）	重点是要大力发展区块链产业
2019年12月	青岛市	崂山区区块链产业发展三年行动计划	提出崂山区将着力构建"1133"的区块链产业发展体系架构，即打造一个较为完善的区块链产业生态，建设一个金融区块链应用示范高地
2020年4月27日	湖南省	湖南省区块链产业发展三年行动计划（2020—2022年）	力争到2022年建成10个以上区块链公共服务平台，推动3万家企业上链，建成5个左右区块链产业园，建设成为全国有影响力的区块链技术创新高地、产业集聚注地和应用示范基地
2020年5月6日	广州市	广州市推动区块链产业创新发展的实施意见（2020—2022年）	将从区块链技术推进、区块链产业扶持、区块链产业园、区块链人才扶持和其他（区块链标准和监管）六个方面抓好区块链技术创新、应用落地和产业发展
2020年5月	福州市	关于加快福州市区块链技术应用和产业发展的三条措施	要在三年内通过资金补助等方式鼓励区块链企业落福州，推动福州区块链应用示范工程建设和产业发展
2020年5月	贵州省	关于加快区块链技术应用和产业发展的意见	到2022年计划建成3～5个区块链融合应用解决方案和模式的输出地，区块链产业开发区经济的重要一级，成为全国区块链创新发展水平领先的发展高地
2020年5月	宁波市	加快区块链产业培育创新应用三年行动计划（2020—2022年）	到2025年打造成为数字经济的重要一极，成为全国区块链创新发展水平领先的发展高地
2020年7月	河北省	河北省区块链专项行动计划（2020—2022年）	将加强区块链理论研究和技术研究、加速区块链应用和管理能力，到2022年末，区块链相关领域领军企业和龙头企业达到20家
2020年7月	上海市	杨浦区推进区块链产业升级发展政策	2018年发布的首个专门扶持区块链发展的区级政策《杨浦区块链产业发展的若干政策规定》2.0版，围绕产业生态构建、企业集聚引领、应用场景拓展、人才招引培养和财政企投资联动五个方面制定出20条细分政策
2020年8月	上海市	上海市新型基础设施建设项目贴息管理指导意见	鼓励合作银行建立上海市新型基础设施建设优惠利率信贷资金，重点支持区块链等领域，总规模达到1000亿元以上

第 2 章 区块链在工程项目管理中应用的现状研究

续表

发文时间	发文省市	政策名称	政策要点
2020 年 8 月	广西壮族自治区	广西壮族自治区区块链产业与应用发展规划（2020—2025 年）	构建区块链产业特色发展和特色应用发展区，加快培育区块链产业与应用生态，打造区块链西部创新发展先导示范区
2020 年 9 月	天津市	天津市关于进一步支持发展智能制造的政策措施	支持区块链产业创新发展，对区块链核心技术研发、国家级区块链应用示范等项目给予最高 500 万元支持
2020 年 10 月	广州市	广州市黄埔区 广州市开发区加速区块链产业引领变革若干措施实施细则	数亿设立 10 亿元规模区块链产业基金，突出区块链原始创新、深化区块链融合应用、建设区块链行业领军企业同等
2020 年 10 月	成都市	成都市区块链应用场景供给行动计划（2020—2022 年）	提出实施"区块链强基行动""区块链应用场景落地行动""区块链典型应用场景示范行动"三大专项行动
2020 年 11 月	江苏省	江苏省区块链产业发展行动计划	加快区块链技术布局，到 2023 年，区块链产业年均增速不低于 15%，培育 10 家以上具有全国影响力的骨干企业，建成 10 个以上区块链创新服务平台，争创 1 个国家级区块链重点实验室，3 个省级区块链发展聚集区
2020 年 11 月	海南省	海口市加快高新技术产业发展的若干措施（试行）	加快区块链等新技术产业发展，支持集成电路、新一代信息技术等重点产业发展
2020 年 11 月	青岛市	青岛市推进新型基础设施建设行动计划（2020—2022 年）	依托中国链湾，探索基于区块链技术的政务服务和社会治理创新模式
2021 年 1 月	北京市	北京市西城区加快推进数字经济发展的若干措施（试行）	围绕区块链等核心技术领域，支持建立国家和市级重点实验室等创新平台，鼓励区块链等重点领域快速发展
2021 年 1 月	深圳市	深圳市人民政府关于加快智慧城市和数字政府建设的若干意见	加快推进区块链基础设施建设，建设统一的区块链底层服务环境，积极推广区块链等新一代信息技术在民生服务领域应用
2021 年 1 月	上海市	关于全面推进上海城市数字化转型的意见	推出加快建设数字基础设施，打造人工智能、区块链、工业互联网等数字化平台，坚实支撑数字经济发展，市民生活和城市治理等各领域的数字化应用
2021 年 1 月 5 日	四川省	甘孜州州级工业集中区评定办法（试行），甘孜州工业集中区建设指南	提出甘孜藏族自治州人民政府关于"数字经济产业"的指南和规划，包含区块链技术

37

续表

发文时间	发文省市	政策名称	政策要点
2021年3月4日	重庆市	基于区块链的电子商务价值行为认定规范	重庆首个实施的地方区块链标准
2021年4月5日	广东省	基于区块链技术的电子发票应用推荐规程	由深圳市税务局主导推进，是全球首个基于区块链的电子发票应用的国际标准
2021年4月14日	成都市	关于加强智慧工地建设工作的通知	由住房和城乡建设局出台，通知确定了智慧工地建设的方向，配套文件根据实际需要，嵌入式地完善了智慧工地体系，以此指导全市智慧工地的探索和实践
2021年4月27日	北京市	关于摸排我市数据中心涉及比特币等加密货币业务情况的紧急通知	要求对北京市数据中心涉及比特币等加密货币挖矿业务承载业务中、涉及比特币等加密货币挖矿的相关情况进行梳理和反馈
2021年5月25日	内蒙古自治区	关于坚决打击惩戒虚拟货币"挖矿"行为八项措施（征求意见稿）	提出进一步清理虚拟货币"挖矿"行为、强化打击惩戒力度、构建长效监管机制、维护市场秩序、大数据行业环境及防范金融风险
2021年5月29日	云南省	云南省支持区块链产业发展若干措施细则（试行）	明确每年择优遴选3个应用活跃、带动溪出的区块链平台，按照项目研发、购买或租用设备及测试认证费用的30%给予项目建设主体一次性事后补助，单个项目最高补助不超过1000万元
2021年6月3日	内蒙古自治区	关于受理举报关于虚拟货币"挖矿"企业、个人问题信访举报	明确包头市全面受理举报关于虚拟货币"挖矿"企业、个人问题信访举报
2021年6月9日	新疆维吾尔自治区	关于立即对虚拟货币"挖矿"行为企业进行停产整顿的通知	求新疆准东开发区管委会立即责令从事虚拟货币"挖矿"的企业须于2021年6月9日14时前全部停产整顿，并将相关停产整顿情况报至发改委
2021年6月9日	青海省	关于全面关停虚拟货币"挖矿"项目的通知	要求各地区对有关虚拟货币"挖矿"行为开展清理整顿
2021年7月7日	海南省	海南省"十四五"发展规划	指出要做优做强区块链数字产业链。到2025年，数字经济产业营业收入达到4000亿元
2021年7月11日	广东省	广东省数据要素市场化配置改革行动方案	提出运用区块链等技术，强化对算力资源和数据资源的安全保护，提高数据安全保障能力
2021年7月27日	云南省	云南省"十四五"云上云行动计划（征求意见稿）、云南省"十四五"新型基础设施建设规划（征求意见稿）	提出到2025年，云南数字化发展要进入全国第一梯队。要聚焦人工智能、区块链等领域，积极布局一批数字应用基础设施，构建健全的数字化发展应用支撑体系

38

续表

发文时间	发文省市	政策名称	政策要点
2021年7月31日	天津市	天津市推进北方国际航运枢纽建设条例	推动港航领域科技创新和高新技术引进应用，鼓励建设基于大数据、人工智能、云计算、区块链等现代信息技术的基础设施
2021年8月1日	海南省	海南自由贸易港免税商品溯源管理暂行办法	要求从网络安全、数据安全、隐私安全、存储安全、包括区块链等多维度进行数据保障，为数据的全生命周期提供保护
2021年8月7日	福建省	关于组织申报2021年省数字经济发展专项资金的通知	明确人工智能、5G、区块链、物联网、数字丝路五个专项的支持范围，申报条件和扶持标准。重点支持区块链示范应用，区块链专项两个方面
2021年8月30日	广东省	深圳经济特区数字经济产业促进条例（草案）	表示深圳将鼓励数字产品消费，把优质数字产品打造成为深圳消费的金字招牌
2021年9月	四川省	四川省"十四五"新型基础设施建设规划	指出四川将打造政府数据开放共享区块链试点平台，建强"蜀信链"区块链基础设施，建设基于区块链技术的知识产权融资服务平台
2021年9月26日	甘肃省	甘肃省"十四五"数字经济创新发展规划	提出要聚焦农业生产、加工环节数字化改造，加快推广大数据、物联网、人工智能、区块链在农业生产经营中的融合运用
2021年9月30日	山东省	山东省大数据发展促进条例	鼓励运用区块链、人工智能等新技术创新数据共享模式，探索通过数据比对、核查等方式提供数据服务

39

第三阶段：2019年至2021年，鼓励发展及支持阶段。2020年全国范围内多个地市出台了相关的具有实践指导意义的政策支持文件。

世界各国基本于2016年起陆续发布区块链相关政策。在政策支持力度方面，2019年起我国的相关政策数量激增，且政策效力逐年增加，政策总效力实现较大幅度的增长，呈现出技术推进、应用研究与监管政策并行的局面。同时，我国区块链顶层设计愈加完善，区块链相关的行业标准和要求愈加细化和明确。可以看到，我国区块链政策的关注点逐渐由技术引领向更广阔的市场和应用场景推进，在资金、技术、场地、人才等诸多方面，我国出台了一系列的区块链政策，如图2.1-1、图2.1-2所示。

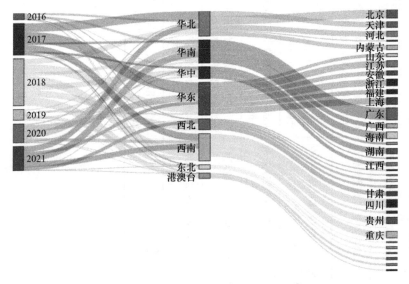

图2.1-1 我国各地区区块链政策发布数量按年份汇总

不难看出，区块链政策广泛覆盖了我国各个地区，在省级、市级及县级单位均有相关政策出台。总体来看，各地政府均根据自身发展特点制定了区块链专项政策，鼓励区块链技术与实体经济相结合，政策制定的趋势从金融领域逐渐扩展到技术和行业应用的层面。区块链技术的应用已逐步渗透到各个地区的行业之中。从区块链政策的内容来看，大致可以分为技术支持与推广、技术发展标准化、产业化、技术应用研究、监管等层面。

（2）国外建筑业区块链政策

截至2021年12月31日，全球范围内，各国区块链政策列表汇总见表2.1-3。

结合世界各国区块链政策的推行情况，可以发现，在全球范围内，大多国家和地区均已意识到区块链技术是一种战略性技术，认为推进区块链技术的应用和产业发展，可为该国或地区提升竞争力。

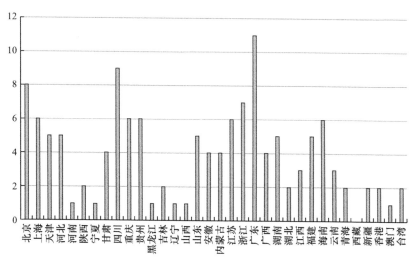

图 2.1-2 我国各省级行政区区块链政策发布数量汇总

各国区块链政策汇总 表 2.1-3

时间	国家	政策或举措	要点
2013 年	德国	承认比特币合法地位（世界上首个国家）	德国金融部正式认可比特币成为一种"货币单位"和"私有资产"，受到国家监管
2014 年 1 月	马来西亚	马来西亚中央银行宣布比特币在马来西亚不被认可为法定货币	政策监管，比特币的合法性未被承认
2019 年	德国	采用全面的区块链战略[90]	该战略的主要目标是利用区块链技术提供的机会，并利用区块链的潜力推进数字化转型
2016—2017 年	日本	日本再兴战略 未来投资战略	重点关注了区块链领域的发展
2017 年 4 月	日本	将比特币视为合法货币	东京政府已通过相关法律证实比特币的合法性
2016 年 1 月 19 日	英国	发布《分布式账本技术：超越区块链》白皮书	肯定了区块链的价值，提出积极评估区块链技术的潜力，考虑将区块链技术用于减少金融欺诈和降低成本
2016 年 8 月	英国	引入 BaaS（区块链即服务）	BaaS 用于学生贷款和保险，退休人员亦可通过英国工作和养老金部的区块链移动应用程序获取保险
2016 年	爱沙尼亚	启动全国性项目部署区块链	该项目由爱沙尼亚电子健康基金会发起，目的是利用分布式账本技术的可靠性保存爱沙尼亚人口的医疗记录
2017 年 1 月	印度	发布《区块链技术在印度银行和金融部门的应用》白皮书	将区块链技术称为一种颠覆性创新

续表

时间	国家	政策或举措	要点
2017年5月	澳大利亚	取消数字货币购买商品和服务的服务税	取消了向比特币等数字货币购买商品/服务征收的服务税
2017年	巴哈马	巴哈马中央银行成立了一个名为"沙币"的中央银行业务委员会[91]	旨在革新和理顺金融框架,降低服务运输成本,提高该国的交易效率
2016年5月	丹麦	发布2016—2020数字战略《更强大、更安全的数字丹麦》[92]	确定了三个目标,作为丹麦政府启动人工智能和基于区块链的计划的模板。这些目标是:为该行业的发展提供有利环境,开发用户友好的高质量数字解决方案,并将基于人工智能的系统安全性和信心作为优先事项
2018年10月22日	丹麦	丹麦外交部发布报告肯定区块链在打击腐败中的作用[93]	区块链可以防止难民营紧急援助分配中的腐败
2018年	挪威	签署《建立欧洲区块链合作伙伴关系宣言》[94]	这是一项旨在制定欧盟/欧洲经济区战略以构建公共服务区块链基础设施的倡议
2018年	南非	南非储备银行(SARB)与七家不同的商业银行合作,利用Quorum启动了一个基于区块链的项目"Khoka"	其银行间框架以完全保密和实时确凿的方式处理日常分期付款量。该项目已成功,并进入第二个阶段
2018年2月	西班牙	西班牙政府提出立法,为使用区块链技术的公司提供税收激励	立法者认为区块链技术将"推动金融、卫生和教育等行业的商业发展"
2018年6月	西班牙	议会议员制定了一项法案,提议在西班牙公共行政中实施区块链技术[95]	西班牙不仅希望能够激励区块链技术的使用,还希望成为为初创公司和投资者提供安全ICO的领导者。当前有11%的西班牙商业企业使用区块链[96]
2019年	土耳其	2023年数字战略	计划在云计算、物联网和开源项目中建立"国家区块链基础设施"
2019年	意大利	通过了旨在引入区块链和智能合同法定定义的立法(第135/2019号法令)	同时还规定了智能合同的定义,即在DLT上运行的软件程序,执行根据同一方之间的预定安排自动约束两方或多方
2019年1月11日	韩国	首尔市政4年市政计划(2019—2022年)	首尔市政府将在首尔Mapo地区的区块链和金融科技中心计划投资600亿韩元,培养272家创业企业,并组建首尔区块链产业发展委员会
2019年1月14日	新加坡	国会审议通过《支付服务法案》	对数字货币业务的监管进行了明确
2019年10月10日	克罗地亚	批准签署《建立欧洲区块链合作伙伴关系宣言》	确保欧洲处于开发和部署区块链技术的最前沿
2018年	俄罗斯	联邦政府制定了关于区块链应用的法律草案	草案规定2018年起,所有的房地产交易都要使用区块链[51]

续表

时间	国家	政策或举措	要点
2021年1月	印度	政府颁布《区块链国家战略草案》[97]	该草案是在与包括学术界、工业界和政府在内的各种利益相关者协商的基础上制定的
2021年11月	阿根廷	政府颁布新的数字货币税收政策[98]	标示着所有涉及新兴资产类别的个人交易现在都要纳税,阿根廷不再是数字货币交易的避税天堂

2.2 区块链在工程项目管理中应用的理论研究

2.2.1 分析框架

本节的研究框架如图 2.2-1 所示。采用文献计量学的方法,以中国知网、Web of Science 为数据检索平台,对"建筑业区块链"相关主题内容进行检索,在基本统计的基础上,利用可视化的方式,绘制建筑业区块链研究领域引文编年图、机构合作网络、作者合作网络及关键词共现网络知识图谱,分析其计量指标和节点属性,从而定位领域核心文献成果、理清领域发展脉络、揭示领域研究热点与发展趋势。

首先分别对 CNKI 和 Web of Science 核心合集中的建筑业区块链相关研究进行概括性的计量与统计,然后通过运用 HistCite 和 CiteSpace 两种科学计量可视化软件对检索结果进行可视化分析。研究过程中涉及的主要参数及其解释如下:

1) HistCite 引文分析计量指标

GCS (Global Citation Score):是指某篇文献在 WOS 数据库中的总被引频次,表征其在 WOS 数据库中的总体关注度[99]。相应的 TGCS (Total Global Citation Score) 代表某一国家、机构、作者或期刊发表的文献在 WOS 数据库中被引用次数的总和。

LCS (Local Citation Score):是指某篇文献在当前文献集合(本地)中的被引频次,亦即其在所属领域的同行关注度,对于评价某一领域文献重要性的可信度更高[99]。相应的 TLCS (Total Local Citation Score) 代表某一国家、机构、作者或期刊发表的文献在当前文献集合中被引用的次数的总和。

CR (Cited References):是指某篇文献在 WOS 数据库中引用的参考文献数。

LCR (Local Cited References):是指文献在当前文献集合中引用的参考文献数,表征其与检索主题的相关度。

2) CiteSpace 网络属性

节点:是指分析的对象。在机构合作网络中,每一个节点代表一个机构;在

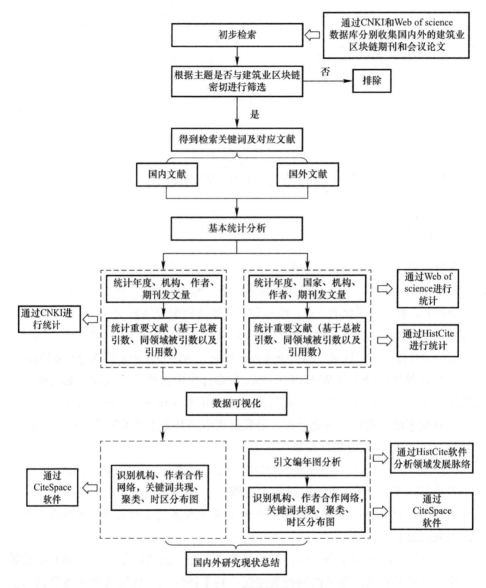

图 2.2-1　建筑业区块链创新研究分析框架

作者合作网络中，每一个节点代表一个作者；在关键词共现网络中，每一个节点代表一个关键词[100]。节点的大小随着节点发文或者出现的频次的增加而增大。

边：是指任意两个节点之间的连线，边的粗细代表两个节点之间的合作或共现程度，边越粗表示节点之间联系越紧密[100]。

中介中心性：指的是该节点的中介程度，其充当"中介"连接两个不同聚类的次数越高，中介中心度越大，在网络图中也就越重要。

第 2 章 区块链在工程项目管理中应用的现状研究

本研究的数据来源为中国知网（CNKI）和 Web of Science。搜索方式为"主题"，包括篇名、关键词和摘要，文献类型限制在期刊和会议论文内。

2.2.2 国内相关研究现状分析

数据库：中国知网；

文献类型：期刊、会议；

检索时间：截至 2022 年 9 月 30 日。

2.2.2.1 国内建筑业区块链研究基本统计分析

以中国知网（CNKI）为数据来源，将检索主题定为"区块链"和"'建筑'或'建设'或'项目'或'工程'或'住宅'或'施工'或'管理'或'基础设施'"，同时检索类型限制在期刊和会议论文，通过对检索结果的进一步分析，剔除新闻类、公示类、倡议类及与主题不相关的文章，最终筛选得到 146 篇期刊论文和 8 篇会议论文，对其进行基本统计分析。通过论文的年度发文量、机构发文量、作者发文量，以及期刊发文量的统计分析，揭示我国建筑区块链研究的整体特点和趋势。

1. 年度发文量统计

由图 2.2-2 可知，2017 年国内开始有区块链在建筑业应用的相关论文发表，表明学者开始尝试将区块链技术应用到建筑业中，2018 年起随着国家对区块链技术和区块链产业的重视，越来越多学者投入到区块链在建筑领域应用的研究，相关文献数量快速增长，据此可以预测国内未来几年建筑业区块链研究将在不断变化的情形中保持一定的发展势头，将是未来学术界持续关注的热点问题。

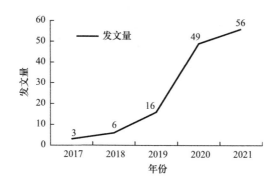

图 2.2-2 国内建筑业区块链研究年度发文量及变化趋势

2. 机构发文量统计

根据统计结果，2017 年由中国十七冶集团有限公司、三一重工股份有限公

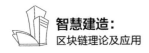

司、湖南海格力士智能科技有限公司、长沙泽讯信息科技有限公司等企业方最先发表区块链在建筑业应用的相关文献，随后，高校、科研机构、政府逐渐开展相关研究，截至2022年9月，企业方发文量最多，其次是高校。表2.2-1上的机构发文量都大于2，表明他们对该领域研究有一个持续的跟进。

国内建筑业区块链研究发文量前10名机构　　　　表2.2-1

序号	机构	发文量	发文年份	百分比
1	广州珠江建设发展有限公司	6	2020、2021	3.90%
2	广州粤建三和软件股份公司	5	2020、2021、2022	3.25%
3	吉林建筑大学	5	2019、2020、2022	3.25%
4	青岛理工大学	4	2021、2022	2.60%
5	合肥工业大学	3	2020、2021	1.95%
6	浙江大学	3	2019、2020、2021	1.95%
7	上海工程技术大学	3	2020、2021	1.95%
8	湖南海格力士智能科技有限公司	3	2017、2019	1.95%
9	长沙泽讯信息科技有限公司	3	2017、2019	1.95%
10	华中科技大学	3	2021、2022	1.95%

3. 作者发文量统计

根据统计结果，在总共的383位作者中，发文量在2篇及以上的有43人，发文量仅为1篇的占总人数的88.77%。整体上发文量较少，由表2.2-2可知最高发文量作者仅发文4篇，表明我国区块链在建筑业的应用研究还处于初步发展阶段，尚未出现领域的领军人物。总体而言，建筑业区块链的研究发文以企业和高校的作者为主。

国内建筑业区块链研究发文量前10名作者　　　　表2.2-2

序号	作者	所属机构	发文量	百分比
1	卜继斌	广州市住宅建设发展有限公司	4	2.60%
2	黄文峰	广州粤建三和软件股份公司	4	2.60%
3	张启超	广州粤建三和软件股份公司	4	2.60%
4	温喜廉	广州珠江建设发展有限公司	3	1.95%
5	张超洋	广州珠江建设发展有限公司	3	1.95%
6	严小丽	上海工程技术大学	3	1.95%
7	胡健锋	湖南海格力士智能科技有限公司 长沙泽讯信息科技有限公司	3	1.95%
8	蔡建清	华中科技大学	3	1.95%
9	钟波涛	南京市江北新区中央商务区建设管理办公室	3	1.95%
10	王金龙	青岛理工大学	2	1.30%

第 2 章 区块链在工程项目管理中应用的现状研究

4. 期刊、会议发文量统计

如表 2.2-3 所示，建筑业区块链相关文献较多在《建筑经济》上发表，该期刊属于北大核心期刊。总体而言，发文期刊影响因子较低，这与国内前期研究尚未深入相关。未来相关研究不仅要提高文章质量，也要提高期刊水平。国内建筑业区块链会议论文较少，总共 8 篇，其中 6 篇在 2021 年发表（表 2.2-4）。

国内建筑业区块链研究发文量前 10 名期刊　　　表 2.2-3

序号	期刊	发文量	CNKI（2021）综合影响因子	百分比
1	建筑经济	20	0.684	12.99%
2	广东土木与建筑	5	0.154	3.25%
3	工程质量	4	0.092	2.60%
4	智能建筑	4	0.117	2.60%
5	工程经济	3	0.152	1.95%
6	计算机应用	2	1.475	1.30%
7	智能建筑与智慧城市	2	0.133	1.30%
8	低温建筑技术	2	0.131	1.30%
9	施工技术	2	0.787	1.30%
10	计算机技术与发展	2	0.773	1.30%

国内建筑业区块链研究会议发文量　　　表 2.2-4

序号	会议	发文量	年份	百分比
1	江苏省测绘地理信息学会 2018 年学术年会	1	2018	0.65%
2	第十五届（2020）中国管理学年会	1	2020	0.65%
3	2021 年全国建筑院系建筑数字技术教学与研究学术研讨会暨 DADA2021 数字建筑学术研讨会	1	2021	0.65%
4	2021（第九届）中国水利信息化技术论坛	1	2021	0.65%
5	中国公路学会养护与管理分会第十一届学术年会	1	2021	0.65%
6	中国土木工程学会总工程师工作委员会 2021 年度学术年会暨首届总工论坛会议	1	2021	0.65%
7	第七届全国 BIM 学术会议	2	2021	1.30%

5. 基于总被引数的重要文献统计

从表 2.2-5 中可以看出，总被引数最高的文献为"基于区块链的建筑供应链信息共享管理系统架构研究"，该论文于 2019 年发表于北大核心期刊《建筑经济》，作者参考医疗数据、政府部门信息共享方式，尝试引入区块链技术构建建筑供应链信息共享管理区块链系统。类似地，"智慧建造下工程项目信息集成管理研究——基于区块链技术的应用"和"区块链技术下的建筑材料信息技术架构研究"都是将区块链技术应用到建筑业信息管理中。2017 年发表的"基于区块链

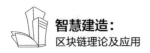

的工程总包管理改进措施研究"是国内有关区块链在建筑业应用的第1篇文献，也是国内首次运用区块链技术来改进工程总承包管理。被引数较高的文献"区块链技术在建筑行业的应用场景展望""区块链技术在建筑工程领域的应用研究"和"区块链与施工管理相结合的应用展望"等都是从定性的角度去阐述区块链在建筑业的应用场景。此外，"基于区块链的高速铁路监测数据安全存储方案"提出基于联盟链的去中心化的双链存储模型用于安全、可靠地存储铁路沿线监测数据。

国内建筑业区块链总被引数前10篇文献　　　　　　　表 2.2-5

序号	论文题目	作者	发表期刊	发表年份	被引数	同年被引百分比
1	基于区块链的建筑供应链信息共享管理系统架构研究	曹洋；苏振民；李娜	建筑经济	2019	59	30.89%
2	智慧建造下工程项目信息集成管理研究——基于区块链技术的应用	杨德钦；岳奥博；杨瑞佳	建筑经济	2019	37	19.37%
3	区块链技术下的建筑材料信息技术架构研究	李蒙；鲁曼；余宏亮	建筑经济	2019	29	15.18%
4	区块链技术在建筑行业的应用场景展望	朱雅菊	工程经济	2018	28	50%
5	区块链技术在建筑工程领域的应用研究	梅松；蒋丹；楼皓光；沈国辉；贺治国	建筑经济	2019	18	9.42%
6	区块链技术在建筑工程领域中的应用研究	张仲华；王静贻；张孙雯；苏世龙；周鼎；齐贺	施工技术	2020	17	8.42%
7	基于区块链的高速铁路监测数据安全存储方案	张利华；蒋腾飞；姜攀攀；李晶晶；张朋伟	计算机工程与设计	2020	14	6.93%
8	区块链与施工管理相结合的应用展望	曹文岩；李明柱；王婉；刘文东；高扬	现代商贸工业	2019	13	6.81%
9	基于区块链的工程总包管理改进措施研究	刘轶翔	低温建筑技术	2017	13	76.47%
10	区块链技术在铁路系统的应用研究	赵泽宇；吴歆彦；闫宏伟；尹福康	铁路计算机应用	2018	12	21.43%

根据图 2.2-3，2020 年之前随着年份的增加，国内每年被引的文献数量也在增加，这种现象的出现与早期文章数量较少且质量较低相关，早期国内的建筑业区块链文章更多是一些应用的构想；2020 年之后，被引文献数呈现下降的趋势，这是由于选取的统计时间点为 2022 年 9 月 30 日，而论文的引用高峰根据领域的

不同出现在论文发表后的 3～5 年[101]。

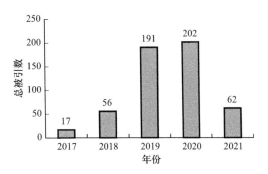

图 2.2-3 国内建筑业区块链文献年度总被引数

6. 文献在同领域文献集的被引与引用统计

根据 HistCite 引文分析计量指标 LCS 的相关定义，分析文献在同领域文献集合中的被引次数可以衡量同行对该文献的关注度，能更为准确地评价该文献在相关领域的重要性，因此对于 2021 年以前的文献有必要进行相关分析。其中同领域被引数前三名的文献都涉及探讨区块链在建筑业信息管理中的应用，而其他高被引文献多展望了区块链技术在建筑行业的可能应用场景（表 2.2-6）。

国内建筑业区块链同领域被引前 10 篇文献　　　表 2.2-6

序号	论文题目	作者	发表期刊	发表年份	被引数
1	基于区块链的建筑供应链信息共享管理系统架构研究	曹洋；苏振民；李娜	建筑经济	2019	51
2	智慧建造下工程项目信息集成管理研究——基于区块链技术的应用	杨德钦；岳奥博；杨瑞佳	建筑经济	2019	37
3	区块链技术下的建筑材料信息技术架构研究	李蒙；鲁曼；余宏亮	建筑经济	2019	29
4	区块链技术在建筑行业的应用场景展望	朱雅菊	工程经济	2018	28
5	区块链技术在建筑工程领域的应用研究	梅松；蒋丹；楼皓光；沈国辉；贺治国	建筑经济	2019	18
6	区块链技术在建筑工程领域中的应用研究	张仲华；王静贻；张孙雯；苏世龙；周晶；齐贺	施工技术	2020	17
7	基于区块链的高速铁路监测数据安全存储方案	张利华；蒋腾飞；姜攀攀；李晶晶；张朋伟	计算机工程与设计	2020	14

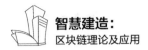

续表

序号	论文题目	作者	发表期刊	发表年份	被引数
8	区块链与施工管理相结合的应用展望	曹文岩；李明柱；王婉；刘文东；高扬	现代商贸工业	2019	13
9	基于区块链的工程总包管理改进措施研究	刘铁翔	低温建筑技术	2017	13
10	区块链技术在铁路系统的应用研究	赵泽宇；吴欲彦；闫宏伟；尹福康	铁路计算机应用	2018	12

根据 HistCite 引文分析计量指标 LCR 的相关定义，虽然新近发表文章无法通过引用次数来判别重要性，但如果一篇文章引用较多相关领域的文章，那么这篇文章也是值得关注的，因此对于 2021 年、2022 年度的文献，可以通过引用同行文章的数量来判别其重要性（表 2.2-7）。

国内建筑业区块链引用同领域前 10 篇文献　　表 2.2-7

序号	论文题目	作者	文献来源	发表年份	引用数
1	刍议区块链与智慧建筑工程建设领域的融合与应用	郭畅	建设科技	2022	10
2	工程建设管理中区块链适用性分析与架构设计研究	汪洋；杨太华；王文浩	武汉大学学报（工学版）	2021	6
3	区块链技术在工程项目管理中的潜在应用	王春华；魏向阳；陈斯祺	项目管理技术	2021	5
4	建筑领域区块链技术应用研究综述	张春生；乔梦菲；李瑚均；陈辉华；杨增科	铁道科学与工程学报	2022	5
5	区块链技术在建筑工程项目管理中的应用	张振华	物联网技术	2022	5
6	基于区块链技术的工程项目质量管理系统架构研究	李俊亭；李颖涵	项目管理技术	2022	3
7	基于区块链和 BIM 技术的绿色建筑管理平台研究	邓华	中国新技术新产品	2021	3
8	区块链技术在工程管理中的应用	周喆	建筑技术开发	2021	3
9	区块链技术在装配式建筑供应链管理中应用的 SWOT 分析	夏曼曼；赵利；时雨馨；聂倩钰	工程经济	2021	3
10	基于区块链的 BIM 信息管理平台生态圈构建	严小丽；吴颖萍	建筑科学	2021	3

2.2.2.2 国内建筑业区块链研究的可视化分析

1. 机构合作情况分析

机构合作是指不同研究机构之间通过共同发表学术论文而形成了合作关系，具有合作关系的机构在建筑业区块链研究过程中的研究内容和主题上有一定的相似之处。本研究通过制作国内建筑业区块链研究机构合作网络可视化图，来分析国内各机构在该领域的发文及合作情况。如图 2.2-4 所示，从整体上看，节点较小且比较分散，表明总体机构发文量和机构合作情况较少，最大型的机构合作网络共包含 5 个机构，共有 15 个由 2 个或 3 个机构组成的小型合作网络。同时，国内机构合作网络显示，在机构之间的合作形成了包括校企合作（南京工业大学、江苏北斗地下管线研究院有限公司）；行业组织间合作（中国建筑学会、上海市建筑学会）；政府-高校合作（南通市公共资源交易中心、南京林业大学）；企业间合作（华东桐柏抽水蓄能发电有限责任公司、国网新源控股有限公司）；校际合作（青岛理工大学、北卡罗来纳州立大学）等多元的项目合作方式。

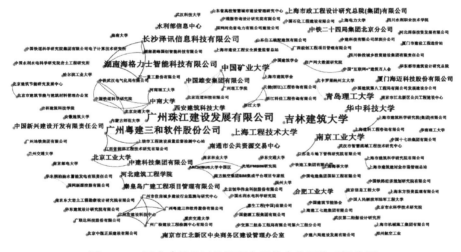

图 2.2-4　国内建筑业区块链研究机构合作网络可视化图

2. 作者合作情况分析

作者合作是指不同作者之间通过共同发表学术论文而形成了合作关系，具有合作关系的作者在建筑业区块链研究过程中的研究内容和主题上有一定的相似之处。本研究通过制作国内建筑业区块链研究作者共现合作网络可视化图，来分析国内作者发文的多少以及作者之间的合作关系。从图 2.2-5 中可以看出卜继斌、严小丽、胡健锋、刘玉红等作者的节点相对较大，表明这些作者的发文量相对较多。图中的连线表明作者之间有合作关系，最大型的合作网络共包含 10 个作者，

4~6个作者组成的合作者网络共有7个，而多数作者间缺乏学术交流，合作强度不足，不利于研究的持续发展。

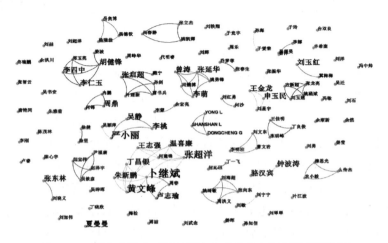

图 2.2-5　国内建筑业区块链研究作者共现合作网络可视化图

3. 研究热点分析

关键词共现网络是基于不同关键词及其在每篇文章中同时出现的次数建立的网络，本研究结合关键词共现网络（图 2.2-6），对关键词进行词频统计和中介中心性分析，这些分析可以在某种程度上反映领域的研究热点。表 2.2-8 列出了词频排名前 10 的关键词，可以看出"区块链"的词频和中介中心性最高，在整体研究中处于核心地位。词频排名第二的关键词是"智能合约"。国内建筑业区块链研究主要关注了将区块链与智能合约相结合的应用场景，特别是在信息管理和合同管理方面，探讨了区块链如何确保数据上链和合同执行的效率和透明度。与传统中心化体系结构相比，区块链技术可以减少对第三方机构的依赖，从而实现"去中心化"。而区块链的这一特点，是国内学者在解决建筑业面临的多参与主体的数据安全保障和责任溯源等问题时，将区块链作为研究对象的重要原因。同时，去中心化的区块链技术需要依靠"共识机制"来让各个节点的数据库保持一致，国内学者们在构建建筑业区块链相关管理平台时会考虑采取一定方法对其进行改进。此外，"建筑工程""工程管理""应用场景"等关键词的词频也相对较高，这些描述范围较大的关键词表明国内学者多数从建筑工程、工程管理的角度探索区块链的应用场景。而"信息共享""供应链""智慧水利"等关键词则是国内建筑业区块链研究的热门主题。大部分热点关键词的中介中心性也很高（表 2.2-9），说明这些热点还处于网络中的核心位置，与建筑业区块链主题密切相关。

第2章 区块链在工程项目管理中应用的现状研究

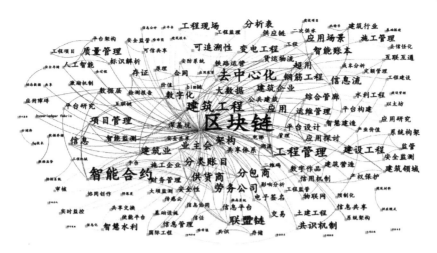

图 2.2-6　国内建筑业区块链关键词共现网络

国内建筑业区块链关键词词频统计　　　　表 2.2-8

序号	关键词	频次	中介中心性	年份
1	区块链	97	1.45	2018
2	智能合约	16	0.05	2017
3	建筑工程	9	0.01	2018
4	去中心化	9	0.09	2018
5	工程管理	7	0.01	2018
6	供应链	6	0	2020
7	信息共享	5	0	2019
8	智慧水利	5	0.02	2021
9	应用场景	4	0.05	2018
10	共识机制	4	0.00	2020

国内建筑业区块链关键词中介中心性统计　　　　表 2.2-9

序号	关键词	频次	中介中心性	年份
1	区块链	97	1.45	2018
2	去中心化	9	0.09	2018
3	建设工程	4	0.07	2019
4	智能合约	16	0.05	2017
5	应用场景	4	0.05	2018
6	联盟链	3	0.05	2020
7	质量管理	2	0.05	2022
8	水利工程	3	0.03	2021
9	施工管理	3	0.02	2019
10	信息平台	2	0.02	2020

53

本研究在关键词共现的基础上进行了聚类分析，这种分析有助于发现国内的研究热点领域。通过对关键词进行聚类分析，得到了11个聚类模块，分别是建筑工程、去中心化、智能合约、钢筋工程、应用场景、架构、平台架构、平台设计、安全监测、建筑营造、哈希值，如图2.2-7所示。其中，Q值为0.5674，表明聚类结构具有显著性，S值为0.9507，说明聚类结果可信。聚类#1和聚类#10主要涉及区块链本身的技术构成和显著特点，聚类#2则显示了国内研究中最为关注的方向是将智能合约与区块链进行结合。另外，聚类#0、聚类#3、聚类#4、聚类#8和聚类#9涉及区块链在建筑业的应用场景。此外，聚类#5、聚类#6和聚类#7表明国内现有研究成果多集中于区块链的架构及其应用平台的设计上。

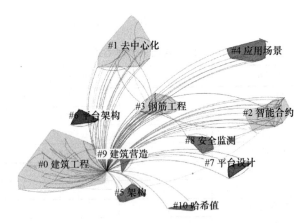

图2.2-7　国内建筑业区块链关键词聚类网络

4. 研究趋势分析

为了分析国内建筑业区块链研究的发展趋势，本研究进行了关键词时区图分析。由图2.2-8可知，国内建筑业区块链的研究始于2017年，并很快考虑与智能合约技术相结合；2018年主要探讨给建筑业带来的变革及可能的应用场景，代表关键词有去中心化、工程管理、应用场景等；2019年更加关注产权、监管、信息共享、系统架构等方面；2020年联盟链、供应链、信息管理、利益相关方成为主要研究对象；2021年后区块链在建筑业的应用场景进一步扩大和细化，如扩大到水利工程、变电工程等，细化至工程现场、财务管理、质量管理等。

2.2.3　全球相关研究现状分析

数据库：Web of Science核心合集；

文献类型：期刊论文、会议论文；

检索时间：2022年9月30日。

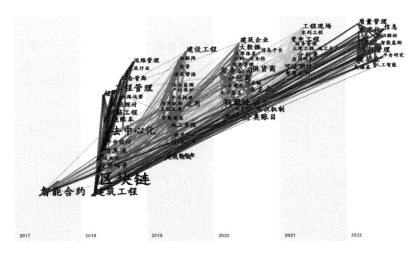

图 2.2-8　国内建筑业区块链关键词时区图

2.2.3.1　全球建筑业区块链研究基本统计分析

以 Web of Science 核心合集为数据来源，将检索主题定为 "blockchain" and "'build' or 'architecture' or 'project' or 'engineering' or 'housing' or 'construction' or 'management' or 'infrastructure'"，同时检索类型限制在期刊和会议，对检索文章的标题、关键词、摘要和正文进行了进一步的审查，剔除不关注建筑业和区块链的文章，最终筛选得到143篇期刊论文和29篇会议论文，对其进行基本统计分析。通过论文的年度发文量、国家发文量、作者发文量，以及期刊发文量的统计分析，揭示全球建筑区块链研究的整体特点和趋势。

1. 年度发文量统计

根据统计结果（图2.2-9），2017年开始有建筑业区块链相关论文发表，自2018年以来，发文量快速增长，且2020年的出版物数量超过了过去3年的总数，这表明建筑业区块链对研究人员的吸引力越来越大，可以预测全球建筑业区块链研究在未来将呈现出不断增长、逐渐丰富的态势。

2. 国家发文量统计

根据表2.2-10的国家发文量统计结果可以发现，中国十分重视建筑业

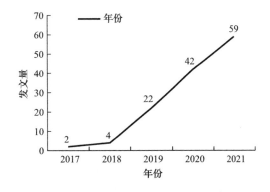

图 2.2-9　全球建筑业区块链研究年度发文量

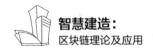

区块链领域的研究，在发文量上远超其他国家，达到63篇，同时英国、澳大利亚和美国的发文量也相对较多。

全球建筑业区块链研究发文量前10名国家　　　　　表2.2-10

序号	国家	发文量	TLCS	TGCS	百分比
1	中国	63	71	844	36.63%
2	英国	27	135	569	15.70%
3	澳大利亚	26	72	714	15.12%
4	美国	25	59	570	14.53%
5	意大利	6	1	37	3.49%
6	韩国	5	69	150	2.91%
7	土耳其	5	0	48	2.91%
8	德国	4	1	41	2.33%
9	马来西亚	4	0	21	2.33%
10	南非	4	0	4	2.33%

对比表2.2-11的统计结果，韩国发文量为5篇，排第6位，但若按TLCS排序，韩国排在第4位，说明韩国虽然文献总量不多，但研究影响力较大，在该领域有较强的国际学术交流能力，与之类似的国家还有斯洛文尼亚、瑞典和阿联酋等。

全球建筑业区块链研究TLCS前10名国家　　　　　表2.2-11

序号	国家	发文量	TLCS	TGCS	百分比
1	英国	27	135	569	15.70%
2	澳大利亚	26	72	714	15.12%
3	中国	63	71	844	36.63%
4	韩国	5	69	150	2.91%
5	斯洛文尼亚	3	67	159	1.74%
6	美国	25	59	570	14.53%
7	瑞典	3	33	81	1.74%
8	阿联酋	2	23	45	1.16%
9	葡萄牙	3	14	48	1.74%
10	斯洛伐克	2	12	60	1.16%

3. 机构发文量统计

由表2.2-12的机构发文量统计结果可知，发文量前10名的机构类型均为高校，可见高校作为学术科研活动的重要主体发挥了引领作用，其中香港大学、佛罗里达大学和西悉尼大学等在总体发文量上领先于其他高校。

第 2 章
区块链在工程项目管理中应用的现状研究

全球建筑业区块链研究发文量前 10 名机构　　表 2.2-12

序号	机构	机构（译）	所属国家	发文量	TLCS	TGCS	百分比
1	The University of Hong Kong	香港大学	中国	12	0	187	6.98%
2	University of Florida	佛罗里达大学	美国	8	48	262	4.65%
3	The Hong Kong Polytechnic University	香港理工大学	中国	6	2	48	3.49%
4	Western Sydney University	西悉尼大学	澳大利亚	6	0	177	3.49%
5	Curtin University	科廷大学	澳大利亚	5	54	239	2.91%
6	The Hong Kong University of Science and Technology	香港科技大学	中国	5	0	91	2.91%
7	Huazhong University of Science and Technology	华中科技大学	中国	5	25	107	2.91%
8	Birmingham City University	伯明翰城市大学	英国	4	0	23	2.33%
9	Deakin University	迪肯大学	澳大利亚	4	0	113	2.33%
10	Jilin University	吉林大学	中国	4	0	24	2.33%

对比表 2.2-13 的统计结果，科廷大学的 TLCS 为 54 次，高于其他发文量更高的机构，而诺森比亚大学、卢布尔雅那大学和庆熙大学等在 TLCS 高于或等于科廷大学的情况下发文量更少，说明其有关建筑业区块链的文献得到了更多同领域学者的认可和关注。

全球建筑业区块链研究 TLCS 前 10 名机构　　表 2.2-13

序号	机构	机构（译）	所属国家	发文量	TLCS	TGCS	百分比
1	Northumbria University	诺森比亚大学	英国	2	76	162	1.16%
2	University of Ljubljana	卢布尔雅那大学	斯洛文尼亚	3	67	159	1.74%
3	Curtin University	科廷大学	澳大利亚	5	54	239	2.91%
4	Kyung Hee University	庆熙大学	韩国	1	54	122	0.58%
5	University of Florida	佛罗里达大学	美国	8	48	262	4.65%
6	University College London	伦敦大学学院	英国	3	46	125	1.74%
7	Huazhong University of Science and Technology	华中科技大学	中国	5	25	107	2.91%
8	University of Huddersfield	哈德斯菲尔德大学	英国	1	23	45	0.58%
9	Jonkoping University	延雪平大学	瑞典	2	23	67	1.16%
10	Mississippi State University	密西西比州立大学	美国	4	22	81	2.33%

4. 作者发文量统计

由表 2.2-14 的作者发文量统计结果可知，全球建筑业区块链高发文量作者主要来自于高校。其中 Wang J 发表文章的 TLCS 为 61 次，远高于其余高发文量作者，说明其文章同时具有较高的关注度，但这种情况的出现同时也受到发文时间远近的影响。

全球建筑业区块链研究发文量前10名作者　　　　　表2.2-14

序号	作者	所属机构（译）	所属国家	发文量	TLCS	TGCS	百分比
1	Lu WS	香港大学	中国	10	0	146	5.81%
2	Wu LPF	香港大学	中国	9	0	88	5.23%
3	Xue F	香港大学	中国	8	0	185	4.65%
4	Perera S	西悉尼大学	澳大利亚	6	0	174	3.49%
5	Zhao R	香港大学	中国	6	0	87	3.49%
6	Cheng JCP	香港科技大学	中国	5	0	91	2.91%
7	Das M	香港科技大学	中国	5	0	91	2.91%
8	Li X	香港大学	中国	5	0	85	2.91%
9	Zhong BT	华中科技大学	中国	5	25	107	2.91%
10	Wang J	密西西比州立大学	美国	4	61	182	2.33%

表2.2-15对比地列出了TLCS前10名的作者，值得一提的是，Papadonikolaki E的3篇论文分别发表在2020年和2021年，但是也受到了很多同领域学者的关注。

全球建筑业区块链研究TLCS前10名作者　　　　　表2.2-15

序号	作者	所属机构（译）	所属国家	发文量	TLCS	TGCS	百分比
1	Greenwood D	诺森比亚大学	英国	1	76	151	0.58%
2	Kassem M	诺森比亚大学	英国	2	76	162	1.16%
3	Li J	诺森比亚大学	英国	2	76	162	1.16%
4	Klinc R	卢布尔雅那大学	斯洛文尼亚	1	67	145	0.58%
5	Turk Ž	卢布尔雅那大学	斯洛文尼亚	1	67	145	0.58%
6	Wang J	密西西比州立大学	美国	4	61	182	2.33%
7	Shou WC	科廷大学	澳大利亚	1	54	122	0.58%
8	Wang XY	庆熙大学	韩国	1	54	122	0.58%
9	Wu P	科廷大学	澳大利亚	1	54	122	0.58%
10	Papadonikolaki E	伦敦大学学院	英国	3	46	125	1.74%

5. 期刊、会议发文量统计

由表2.2-16的期刊发文量统计结果可知，由荷兰出版的Automation in Construction在建筑业区块链研究方面的发文量远远高于其他期刊，在本领域研究具有一定的权威性。同时，Buildings、Frontiers of Engineering Management、IEEE access等期刊的发文量也相对较高。全球建筑业区块链发文会议共27个（表2.2-17）。

第2章 区块链在工程项目管理中应用的现状研究

全球建筑业区块链研究发文量前 10 名期刊　　　表 2.2-16

序号	期刊	国家	发文量	TLCS	TGCS	百分比
1	Automation in Construction	荷兰	32	76	980	18.60%
2	Buildings	瑞士	9	0	135	5.23%
3	Frontiers of Engineering Management	中国	7	131	263	4.07%
4	IEEE Access	美国	5	12	76	2.91%
5	Engineering Construction and Architectural Management	英国	4	23	70	2.33%
6	Journal of Cleaner Production	荷兰	4	0	97	2.33%
7	Journal of Management in Engineering	美国	4	0	35	2.33%
8	Sustainability	瑞士	4	0	31	2.33%
9	Applied Sciences-Basel	瑞士	3	0	11	1.74%
10	Journal of Construction Engineering and Management	美国	3	0	32	1.74%

全球建筑业区块链研究会议发文量　　　表 2.2-17

序号	会议	发文量
1	2020 IEEE 44th Annual Computers, Software, and Applications Conference (Compsac 2020)	2
2	Computingin Civil Engineering 2019: Visualization, Information Modeling, and Simulation	2
3	The 10th International Conference on Emerging Ubiquitous Systems and Pervasive Networks (EUSPN-2019)/ The 9th international conference on Current and Future Trends of Information and Communication Technologies in Healthcare (ICTH-2019) / Affiliated Workops	1
4	2019 First IEEE International Conference on Trust, Privacy and Security in Intelligent Systems and Applications (TPS-ISA 2019)	1
5	2019 IEEE International Conference on Engineering, Technology and Innovation (ICE/ITMC)	1
6	2019 IEEE Wireless Communications and Networking Conference (WCNC)	1
7	2019 IEEE/ACM 5th International Workshop on Software Engineering for Smart Cyber-Physical Systems (SESCPS 2019)	1
8	2020 13th International Conference on Human System Interaction (HSI)	1
9	2020 19th ACM/IEEE International Conference on Information Processing in Sensor Networks (IPSN 2020)	1
10	2021 IEEE Global Communications Conference (GLOBECOM)	1
11	Construction Research Congress 2020: Computer Applications	1
12	Construction Research Congress 2022: Computer Applications, Automation, and Data Analytics	1
13	Creative Construction Conference 2017, CCC 2017	1

续表

序号	会议	发文量
14	eCAADe 2018：Computing for a Better Tomorrow，Vo 1	1
15	eCAADe 2020：Anthropologic-Architecture and Fabrication in the Cognitive Age，Vol 2	1
16	Ecaade Sigradi 2019：Architecture in the Age of the 4th Industrial Revolution，Vol 1	1
17	ICBTA 2019：2019 2nd International Conference on Blockchain Technology and Applications	1
18	ICCREM 2021：Challenges of the Construction Industry Under the Pandemic	1
19	ICVISP 2019：Proceedings of the 3rd International Conference on Vision，Image and Signal Processing	1
20	IEEE 2018 International Congress on Cybermatics / 2018 IEEE Conferences on Internet of Things，Green Computing and Communications，Cyber，Physical and Social Computing，Smart Data，Blockchain，Computer and Information Technology	1
21	IEEE 20th International Conference on High Performance Computing and Communications / IEEE 16th International Conference on Smart City / IEEE 4th International Conference on Data Science and Systems (HPCC/SMARTCITY/DSS)	1
22	International Science Conference Spbwosce-2017 Business Technologies for Sustainable Urban Development	1
23	International Scientific Conference Digital Transformation on Manufacturing，Infrastructure and Service	1
24	New Technologies，Development and Application Ⅱ	1
25	Online Engineering and Society 4.0	1
26	Proceedings of the Future Technologies Conference (FTC) 2019，Vol 2	1
27	Sustainable Built Environment D-A-CH Conference 2019 (SBE19 Graz)	1

6. 基于总被引数的重要文献统计

从表 2.2-18 中可以看出，最高被引的是 2019 年的一篇系统性综述，除此之外，总被引数前 10 篇的文献还涉及探讨建筑业区块链潜在应用领域、建筑业区块链适用性、在具体项目流程中应用的技术框架、与 BIM 集成等方面。

全球建筑业区块链总被引数前 10 篇文献　　　　表 2.2-18

论文标题	作者	来源出版物	发表年份	总被引数	同年被引百分比
Blockchain in the built environment and construction industry: A systematic review, conceptual models and practical use cases	Li J; Greenwood D; Kassem M	Automation in Construction	2019	151	25.86%

第2章 区块链在工程项目管理中应用的现状研究

续表

论文标题	作者	来源出版物	发表年份	总被引数	同年被引百分比
Potentials of blockchain technology for construction management	Turk Ž；Klinc R	Creative Construction Conference 2017，CCC 2017	2017	145	54.31%
Blockchain-based framework for improving supply chain traceability and information sharing in precast construction	Wang ZJ；Wang TY；Hu H；Gong J；Ren X；Xiao QY	Automation in Construction	2020	123	10.16%
Blockchain technology：Is it hype or real in the construction industry?	Perera S；Nanayakkara S；Rodrigo MNN；Senaratne S；Weinand R	Journal of Industrial Information Integration	2020	123	10.16%
The outlook of blockchain technology for construction engineering management	Wang J；Wu P；Wang XY；Shou WC	Frontiers of Engineering Management	2017	122	45.69%
Public and private blockchain in construction business process and information integration	Yang R；Wakefield R；Lyu SN；Jayasuriya S；Han FL；Yi X；Yang XC；Amarasinghe G；Chen SP	Automation in Construction	2020	93	7.68%
Integrated project delivery with blockchain：An automated financial system	Elghaish F；Abrishami S；Hosseini MR	Automation in Construction	2020	71	5.86%
Do you need a blockchain in construction? Use case categories and decision framework for DLT design options	Hunhevicz JJ；Hall DM	Advanced Engineering Informatics	2020	63	5.20%
Blockchain and the built environment：Potentials and limitations	Nawari NO；Ravindran S	Journal of Building Engineering	2019	62	10.62%
bcBIM：A blockchain-based big data model for BIM modification audit and provenance in mobile cloud	Zheng RY；Jiang JL；Hao XH；Ren W；Xiong F；Ren Y	Mathematical Problems in Engineering	2019	60	10.27%

图 2.2-10 中 2018 年的文献总被引数相对 2017 年和 2019 年处于一个低谷，造成这种现象主要有两个原因：一是 2018 年发表的文献总数较少，仅有 4 篇；二是从图 2.2-12 可以看出其中 3 篇的研究方向后续在同领域没有研究人员进行深入研究，总体上受到的关注度较小。

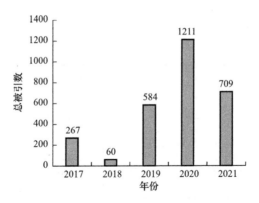

图 2.2-10 全球建筑业区块链文献年度总被引数

7. 文献在同领域文献集的被引与引用统计

由表 2.2-19 可知，LCS 排名第二、三名的两篇文献的 LCR 都为 0，即这两篇文献在同行中被引数很高却没有引用同行的文章，说明它们是具有开创性的核心文献，从内容上讲，它们提出了区块链在建筑信息管理、供应链、资产管理等领域的潜在应用。而 LCR 高的文章，意味着它引用了大量的同领域文献，极有可能是一篇综述性文章（表 2.2-20）。

基于 HistCite 的全球建筑业区块链 LCS 排名前 10 篇文献　　表 2.2-19

No.	Date/Author/Journal	LCS	GCS	LCR	CR
1	Li J，Greenwood D，Kassem M Blockchain in the built environment and construction industry：A systematic review, conceptual models and practical use cases Automation in Construction. 2019 Jun；102：288-307	76	151	2	154
2	Turk Ž，Klinc R Potentials of blockchain technology for construction management Creative Construction Conference 2017，CCC 2017. 2017；196：638-645	67	145	0	23
3	Wang J，Wu P，Wang XY，Shou WC The outlook of blockchain technology for construction engineering management Frontiers of Engineering Management. 2017 Apr；4 (1)：67-75	54	122	0	29
4	Nawari NO，Ravindran S Blockchain technology and BIM process：Review and potential applications Journal of Information Technology in Construction. 2019；24：209-238	26	44	1	109

续表

No.	Date/Author/Journal	LCS	GCS	LCR	CR
5	Zhong BT, Wu HT, Ding LY, Luo HB, Luo Y, et al. Hyperledger fabric-based consortium blockchain for construction quality information management Frontiers of Engineering Management. 2020 Dec; 7 (4): 512-527	25	40	3	51
6	Tezel A, Papadonikolaki E, Yitmen I, Hilletofth P Preparing construction supply chains for blockchain technology: An investigation of its potential and future directions Frontiers of Engineering Management. 2020 Dec; 7 (4): 547-563	23	45	3	67
7	Qian XN, Papadonikolaki E Shifting trust in construction supply chains through blockchain technology Engineering Construction and Architectural Management. 2021 Feb 16; 28 (2): 584-602	23	58	3	88
8	McNamara AJ, Scpasgozar SME Developing a theoretical framework for intelligent contract acceptance Construction Innovation-England. 2020; 20 (3): 421-445	16	28	1	40
9	Zhang ZY, Yuan ZM, Ni GD, Lin H, Lu YJ The quality traceability system for prefabricated buildings using blockchain: An integrated framework Frontiers of Engineering Management. 2020 Dec; 7 (4): 528-546	16	33	2	84
10	Shojaei A, Flood I, Moud HI, Hatami M, Zhang X An implementation of smart contracts by integrating BIM and blockchain Proceedings of the Future Technologies Conference (FTC) 2019, Vol 2. 2020; 1070: 519-527	15	21	2	22

基于HistCite的全球建筑业区块链LCR排名前10篇文献　　表2.2-20

No.	Date/Author/Journal	LCS	GCS	LCR	CR
1	Cheng MY, Liu GL, XuYS, Chi M When blockchain meets the AEC industry: Present status, benefits, challenges, and future research opportunities Buildings. 2021 Aug; 11 (8): Art. No. 340	0	6	23	132
2	Li J, Kassem M Applications of distributed ledger technology (DLT) and Blockchain-enabled smart contracts in construction Automation in Construction. 2021 Dec; 132: Art. No. 103955	0	11	20	184

续表

No.	Date/Author/Journal	LCS	GCS	LCR	CR
3	Elbashbishy TS, Ali GG, El-adaway IH Blockchain technology in the construction industry: Mapping current research trends using social network analysis and clustering Construction Management and Economics. 2022 May 4; 40 (5): 406-427	0	0	19	147
4	Xu YS, Chong HY, Chi M Blockchain in the AECO industry: Current status, key topics, and future research agenda Automation in Construction. 2022 Feb; 134: Art. No. 104101	0	6	18	111
5	Ye XL, Zeng NS, Konig M Systematic literature review on smart contracts in the construction industry: Potentials, benefits, and challenges Frontiers of Engineering Management. 2022	0	0	15	99
6	Xu YS, Chong HY, Chi M Modelling the blockchain adoption barriers in the AEC industry Engineering Construction and Architectural Management. 2021	0	12	11	95
7	Scott DJ, Broyd T, Ma L Exploratory literature review of blockchain in the construction industry Automation in Construction. 2021 Dec; 132: Art. No. 103914	0	12	11	131
8	Hamledari H, Fischer M Construction payment automation using blockchain-enabled smart contracts and robotic reality capture technologies Automation in Construction. 2021 Dec; 132: Art. No. 103926	0	23	11	110
9	Kifokeris D, Koch C A conceptual digital business model for construction logistics consultants, featuring a sociomaterial blockchain solution for integrated economic, material and information flows Journal of Information Technology in Construction. 2020; 25: 500-521	10	14	10	100
	Lu WS, Wu LPF, Zhao R Rebuilding trust in the construction industry: A blockchain-based deployment framework International Journal of Construction Management. 2021	0	2	9	75
10	Hijazi AA, Perera S, Calheiros RN, Alashwal A Rationale for the integration of BIM and blockchain for the construction supply chain data delivery: A systematic literature review and validation through focus group Journal of Construction Engineering and Management. 2021 Oct 1; 147 (10): Art. No. 03121005	0	11	9	190

2.2.3.2 全球建筑业区块链研究可视化分析
1. 引文时序分析

本研究基于 LCS 指标选取本文献集被引频次最高的 40 篇文献绘制了引文编年图（图 2.2-11），同时为展示研究总体情况，还采用搜集的总共 172 篇文献绘制了总体引文编年图（图 2.2-12）。图中圆圈表示该领域的重要文献，圆内面积与该文献 LCS 绝对值成正比，圆内所标示的数字为该节点文献在当前文献集合中的序号；射线表示文献间的引用关系，其中箭头指向被引文献，箭尾指向引证文献。

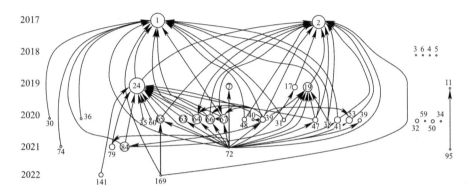

图 2.2-11 HistCite 引文编年图（LCS Top40）

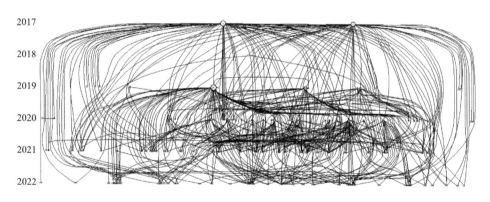

图 2.2-12 HistCite 总体引文编年图

从文献分布的年份来看，2019 年之前的节点只有 6 个，说明这一时期的研究尚处于开创阶段，发表文献较少。其中 2017 年产出的两篇高被引文献是建筑业区块链领域的"开山之作"：节点 1 "Potentials of blockchain technology for construction management"提出区块链在建筑信息管理的潜力和架构；节点 2 "The outlook of blockchain technology for construction engineering management"提出区块链在建筑业信息、供应链、资产管理等领域的潜在应用以及应用挑战。而从2019年开始，节点明显增加，说明研究开始变得活跃，文献增加较多。这其中较大的节点24 "Blockchain in the built environment and construction industry：A systematic review, conceptual models and practical use cases"是一篇综述性文献，确定了七个建筑业应用领域并使用文献计量分析法对文献进行分析。此外，通过统计2019年后LCS排名Top40的研究主题，可以发现建筑业区块链研究的方向越来越细化，主要涉及智能合约、建筑供应链、质量管理、资产管理和智能建筑等方面。

从引证网络的连通性来看，图2.2-12除右侧孤立节点外，其余文献均集中在一个互相连通的引证关系网络之中，但是研究主题较为分散，还没有形成较为清晰的研究子网络。

2. 机构合作情况分析

机构合作是指不同研究机构之间通过共同发表学术论文而形成了合作关系，具有合作关系的机构在建筑业区块链研究过程中的研究内容和主题上有一定的相似之处。本研究通过制作全球建筑业区块链研究机构合作网络可视化图，来分析各机构在该领域的发文及合作情况。如图2.2-13，从整体上看，节点较小，表明总体机构发文量较少。此外，机构合作呈现小集团化，最大型的合作机构网络共包含13个机构，整个合作网络主要是由多个2个作者组成的超小型合作网络构成。

图2.2-13　全球建筑业区块链研究机构合作网络可视化图

3. 作者合作情况分析

作者合作是指不同作者之间通过共同发表学术论文而形成了合作关系，具有合作关系的作者在建筑业区块链研究过程中的研究内容和主题上有一定的相似之处。本研究通过作者共现可视化图来分析国际作者发文的多少以及作者之间的合

第 2 章
区块链在工程项目管理中应用的现状研究

作关系。从图 2.2-14 中可以看出 Wang、Wu、Dounas 等作者的节点相对较大，表明这些作者的发文量相对较多。图中的连线表明作者之间有合作关系，最大型的合作网络共包含 10 个作者，包含 4 个合作者的网络有 6 个，而多数合作都是由 2 个或 3 个作者组成，说明作者合作主要呈现小集团化。

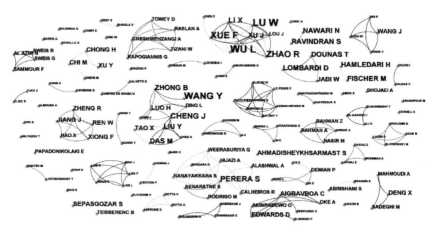

图 2.2-14　全球建筑业区块链研究作者合作网络

4. 研究热点分析

本部分结合关键词共现网络（图 2.2-15），对关键词进行词频统计和中介中心性分析，这些分析可以在某种程度上反映领域的研究热点。从表 2.2-21 可以看出英文文献中"智能合约（Smart Contract）"的共现频次最高，说明智能合约在国际建筑业区块链研究中同样受到了强烈的关注。不同的是，国际学者们考虑应用的场景更为丰富，比如智能建筑、智能支付、合约管理、智能施工等。共现频次次高的关键词是"技术（Technology）"，国际学者们一方面关注区块链作为一种新兴技术具有的巨大改造潜力，另一方面他们也探索将区块链与更多的数字技术相结合。其中"建筑信息模型（Building Information Modeling，BIM）"技术已经在建筑业得到广泛应用并带来重大变革，因此其与区块链的整合最受国际学者们的关注。同时国际对于"互联网（Internet）"也有所关注，主要体现在区块链与物联网（Internet of Things，IoT）、传感器网络等的结合上。此外，"管理（Management）"是国际建筑业区块链研究的热门场景，具体涉及项目财务管理、文档管理、建筑能源需求管理等。而相较于国内的研究，国际建筑业区块链研究更加注重评估所构建的区块链"系统（System）"和"模型（Model）"。同时其中大部分热点关键词的中介中心性也很高（表 2.2-22），说明这些热点还处于网络中的核心位置，与建筑业区块链主题密切相关。

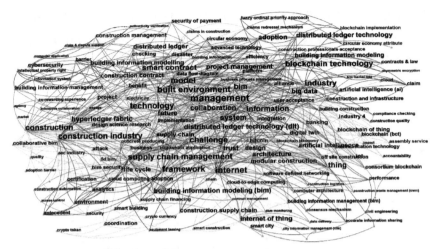

图 2.2-15 国际建筑业区块链关键词共现网络

国际建筑业区块链关键词词频统计　　　　　　　　　　　表 2.2-21

序号	关键词	频次	中介中心性	年份
1	smart contract	63	0.05	2019
2	technology	52	0.08	2019
3	construction industry	28	0.18	2019
4	blockchain technology	27	0.1	2019
5	management	27	0.28	2018
6	BIM	24	0.08	2020
7	system	24	0.06	2020
8	model	21	0.1	2020
9	industry	20	0.08	2020
10	internet	19	0.16	2019

国内建筑业区块链关键词中介中心性统计　　　　　　　表 2.2-22

序号	关键词	频次	中介中心性	年份
1	management	27	0.28	2018
2	construction industry	28	0.18	2019
3	built environment	19	0.17	2019
4	internet	19	0.16	2019
5	challenge	13	0.12	2020
6	blockchain technology	27	0.1	2019
7	model	21	0.1	2020
8	framework	15	0.09	2019
9	supply chain management	11	0.09	2017

续表

序号	关键词	频次	中介中心性	年份
10	technology	52	0.08	2019
11	BIM	24	0.08	2020

本研究在关键词共现的基础上进行了聚类分析，这种分析有助于发现国际的研究热点领域。如图2.2-16所示，所有的关键词被分成了8个类别，分别是BIM (Building Information Modeling)、混合方法（Hybrid Approach）、应用优势 (Application Advantage)、模块化施工（Modular Construction）、工程质量信息管理（Construction Quality Information Management）、集成先进技术（Integrating Advanced Technologies）、管理建筑供应链流程（Managing Construction Supply Chain Processes）、研究趋势（Research Trend），其中 $Q=0.4488$，$S=0.7794$ 说明聚类结果显著、可信。聚类#0和聚类#5表明将区块链与先进技术集成是热门的研究主题，而BIM是其中最受关注的；聚类#1、聚类#2和聚类#7体现了国际学者对建筑业区块链研究的探索；聚类#3、聚类#4和聚类#6是重要应用场景。

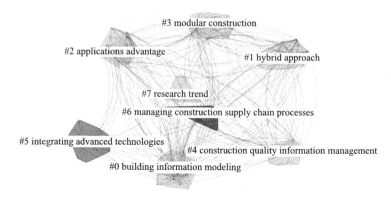

图 2.2-16　国外建筑业区块链关键词聚类网络

5. 研究趋势分析

为了分析国际建筑业区块链研究的发展趋势，本研究进行了关键词时区图分析。由图 2.2-17 可知，国际建筑业区块链的研究始于 2017 年，这一阶段主要关注供应链管理、建筑合同、信任等，并结合 BIM 进行应用；2018 年的研究热点关键词主要有管理、分布式账本、项目等；2019 年热点关键词开始增多，在前人研究的基础上与智能合约、物联网等技术相结合，同时出现了如建筑环境、网络安全、Hyperledger Fabric、联盟链（Consortium Blockchain）等新兴的研究关键词；2020 年出现结合人工智能技术的研究，更加关注区块链系统和模型的构成、项目管理、支付安全、应用挑战等研究主题；2021年出现结合大数据、数字孪生的研究，同时模块化建筑、全生命周期管理等研究主题也得到了重视[102]。

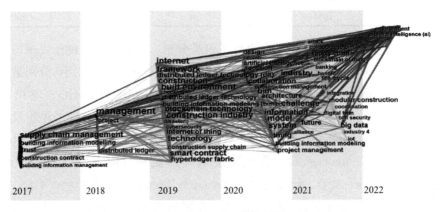

图2.2-17　国际建筑业区块链关键词时区图

2.3　区块链在工程项目管理中应用的案例

信息化可有效帮助相关产业降低成本，提升效率。在所有行业中，建筑业信息化率处于低位，排名倒数第二[103]。我国建筑信息化的渗透率仅为0.1%。区块链为建筑业即将到来的数字化转型提供了技术支撑[104]。区块链在建筑业中的应用可分成七大类别，分别是采购和供应链、设计和施工、运营和生命周期管理、智慧城市、智能系统、能源和碳足迹、去中心化组织[105]。当前，建筑业已逐渐意识到区块链技术在工程项目管理中的巨大潜力，现已有少量实践案例。

2.3.1　我国区块链在工程项目管理中应用的案例

通过我国区块链应用案例（表2.3-1）分析，发现区块链主要应用场景包含智能合约、物料监管、数据存证、工程监理、环境治理等。其中，智能合约为目前建筑区块链应用最多的领域。

在智能合约方面，斐艺链（FEIYI CHAIN）是建筑业区块链应用的基础设施，是全球第一个广泛应用于建筑业的区块链应用平台。通过斐艺链，建筑业可利用智能合约实现全产业链的各个业务模块的数字化、自动化、可行改造，并接入区块链网络，由此推动建筑业的转型升级[106]。华西集团完成区块链产品"善建云块"的上线，打造了行业第一个"建造云＋区块链"融合平台。该平台充分利用了区块链的分布式、稳定性、真实性、可溯源性等优点，有效实现了数据安

表 2.3-1 我国工程项目管理区块链应用案例

时间	地区	公司或机构	项目	具体内容	应用场景
2018 年	厦门市	中建电商、招商银行	中建产业互联网协作平台	利用 Hyperledger Fabric V1.1 联盟链技术建立分布式账本，由核心企业和金融机构共同维护。该平台将采购各个环节的交易数据进行实时写入，保障了企业间的"合同信任"关系。同时，通过简化技术手段，保障了企业间互相担保、分摊、回购和履约等经营行为流程。该平台提高了企业的经营效率	智能合约
2018 年 8 月	上海市	斐艺	斐艺链（FEIYI CHAIN）	是全球第一个广泛应用于建筑行业的区块链应用平台。建筑行业全产业链的相关业务场景都使用智能合约实现业务的数字化、自动化、可信化改造，接入去中心化、不可篡改、可追溯的区块链网络[106]	智能合约
2020 年	上海市	上海树图区块链研究院	上海老啤酒厂改造工程	区块链技术应用于立项、设计、施工、置换等全过程。通过区块链技术引入的"智能合约"，为建筑业建立了统一的诚信体系	智能合约
2020 年 1 月 9 日	深圳市	深圳市宝安区住房和城乡建设局、腾讯云微瓴团队	中国境内首个混凝土区块链平台	平台针对建设工程混凝土溯源，实现了混凝土全生命周期的信息化监管，特别是在建筑初期建造阶段，该平台能够对混凝土的生产和交接过程进行真实记录，从而保证建材质量	物料监管

续表

时间	地区	公司或机构	项目	具体内容	应用场景
2020年	京津冀	北京金斗云辉科技有限公司	金斗云智能管理平台	平台利用区块链技术提供的数据审计机制，使建筑企业数据安全可控，实现了上下游企业间的数据交互安全	数据存证
2020年3月	河北省（雄安新区）	雄安集团安质部、中国雄安集团数字城市科技有限公司、中国移动通信集团河北有限公司雄安新区分公司	全国首个区块链监理管理系统	该区块链系统采用自主可控的底层技术，确保了高水平的安全性和可用性。同时，该系统还拥有弹性扩展的能力，能够保证数据的真实性，防止次生管理问题的发生。这为工程信用管理提供了技术上的保障，提升了对工程建设质量和安全的监督、管控和预警能力	工程监理
2020年4月	四川	华西集团	"善建云块"	打造了行业第一个"建造云+区块链"融合平台，有效实现了数据安全、信任和不可逆推，充分体现区块链的分布式、真实性、稳定性、可溯源等优点。该平台在西部乃至全国的建筑供应链行业属于"首创"[107]	数据存证

智慧建造：
区块链理论及应用

全、信任和不可逆推，提升了华西建造云平台的公信力，这在西部乃至全国的建筑供应链行业均属于"首创"。"善建云块"具有四个特点：一是实现了七个分布式账本成为网络中所有交易的可审计历史记录；二是实现了共识机制，可以在很短的时间内完成对交易的验证和确认；三是建立了激励机制，"善建云块"基于区块链的激励体系来扩大供应商规模，并通过供应商规模反向吸引需求单位；四是通过区块链的私钥签名技术，保证核心企业相关数据的可靠性，可实现对资产的数字化，促进价值传递[107]。

上海老啤酒厂改造工程作为全国范围内首个区块链赋能建筑业的项目，将区块链技术应用于其立项、设计、施工和置换等全过程。通过引入区块链技术中的"智能合约"，该项目为建筑业建立了统一的诚信体系。在该体系中，每个项目的任务完成情况都会自动记录在合约中，确保责任追溯的清晰性。这种应用实现了工程质量管理环节中的采购、运输和建造等各个环节的质量保证[108]。BitRent区块链平台提供了新楼盘市场领域的革命性解决方案，其平台可实现智能合约的运作，对商业和住宅地产在早期建造阶段参股投资。同时可以通过在模块和构件中植入芯片对施工情况进行在线监理[109]。金斗云辉公司基于PaaS平台，研发了MSaaS企业管理系统金斗云智能管理平台，该平台融合了强大的产业互联网技术和区块链技术为建筑行业赋能。平台利用区块链技术提供的数据审计机制，使建筑企业数据安全可控，实现了上下游企业间的数据交互安全[110]。在此基础上，京津冀三地建筑装饰协会将联手推进区块链技术在建筑行业明晰产权、保障交易安全等应用领域加快落地生根。除了采购及数据共享，京津冀的一些建筑企业还利用区块链进行采购及数据共享，同时建设信用体系。对于票据合同，则通过智能合约防范履约风险，实现信用打通。

作为国内首个基于区块链技术的项目集成管理系统，中国雄安集团推出的雄安区块链资金管理平台综合了合同管理、履约监管和资金支付等功能，支持多方参与，实现可视化管理，并全程透明监管资金流向。雄安区块链资金管理平台主要解决传统工程项目中的几个痛点问题，包括违约转包、资金挪用以及可能带来工程安全和质量隐患的问题；小微企业常面临的账期长、融资困难和高成本的挑战；进城务工人员的工资维权难等。雄安区块链资金管理平台已被应用于雄安新区的多个项目，例如雄安新区9号地块一区造林、10万亩苗景兼用林、截洪渠、唐河污水库和容西污水处理厂等。已有近700家企业在该平台上运营，管理的资金总额已达9.4亿元[111]。2018年，中建电商与招商银行联手推出了中建产业互联网协作平台。该平台利用Hyperledger Fabric V1.1联盟链技术建立分布式账本，由核心企业和金融机构共同维护。该平台将采购各个环节的交易数据进行实时写入，通过运用智能合约等技术手段，确保企业之间建立起可信赖的合约关系。此外，该平台还简化了企业之间的互相担保、企业分摊、回购和履约等经营行为流程，从而降低了处理违约纠纷所需的时间和资金成本。该平台可以提供可靠的供应链数据，并预先导入全部有效的融资数据，确保从招标到中标整个流程的闭环查询，包括通知、合同、订单、产值单和应收账款等信息，保证数据的真实性。通过该平台中建电商和招商银行可以实时跟进融资进度，推进资产流动，达成信用流转，保障业务顺利开展[112]。

在物料监管方面，2019年深圳市宝安区住房和城乡建设局编制了"智慧住建"三年规划，宝安区打造了中国境内首个混凝土区块链平台，现已实现基于大数据分析和区块链等信息化手段的智慧工地管理。其中，深圳市建信筑和科技"区块链＋建筑行业"应用获得了软件能力成熟度模型集成（CMMI）全球认证，标志着团队的软件研发实力已跻身国际先进水平[113]。2020年1月9日，腾讯云微瓴混凝土质量区块链平台在深圳市宝安区正式发布。该平台是全球首个建材溯源区块链平台，也是建筑行业中首个基于云端及区块链技术的混凝土质量溯源系统。平台能够真实记录混凝土生产交接过程，并实现质量信息的溯源，为建筑初期的施工阶段提供质量保障。腾讯云微瓴混凝土质量区块链平台还支持多家混凝土搅拌站和施工单位上链，实现了统一的管理和运营，有效帮助相关政府机构加强对建筑行业的监管[114]。

在工程监理方面，2020年7月，雄安新区启用了全国首个区块链监理管理系统，该系统将区块链技术首次应用于工程质量监督管理领域。该系统采用了可以自主控制的区块链底层技术，利用区块链的安全性、可追溯、不可篡改性等特点，实现了高度安全和可用性，能够支持弹性扩展，确保数据的真实性，避免次生管理问题。这一创新为工程信用管理提供了技术保障，提升了对工程建设质量和安全方面的监督、管控和预警能力，同时也开拓了工程建设管理的新方向[115]。此外，由上海树图区块链建筑业应用研究所开发的"树图"区块链平台具备高性能和开放性，其性能表现优于比特币和以太坊等传统区块链，也为建筑项目管理提供了更高效和透明的解决方案[108]。在环境治理方面，QuarkChain（夸克链）宣布与地方省政府下属的环境管理部门达成正式合作，共同开发环境治理区块链平台。该平台采用联盟链设计，首批试点将应用于建筑资源管理、贸易等领域。通过区块链技术，将不同环节的参与者设为链上的不同节点，可以实现不同政府部门信息共享和监督作业的功能。同时，通过链接工业过程的数据，可以有效跟踪数据的流动情况[116]。

2.3.2 全球区块链在工程项目管理中应用的案例

通过全球区块链应用案例分析（表 2.3-2、表 2.3-3），发现建筑工程项目区块链应用场景主要集中于施工现场管理、现场数据存证、供应链管理、运营管理、环境治理等方面，且组织间的合作案例很多，包括跨国、跨地区、跨行业的合作。

世界各国工程项目管理区块链应用案例　　　　表 2.3-2

国家	公司或机构	项目	具体内容	应用场景
中国、法国	杭州金苏贝工程公司、法国建筑公司 XTU-Architects、法国商业财团 Systematic	环保摩天大楼	设计一个基于区块链的网络，旨在管理空气质量，能源储存以及四座塔楼之间循环互动的其他环境系统	环境保护
美国	Briq 公司、Gardner Builders 公司	"数字化孪生兄弟"系统	运用了区块链技术，记载了建筑中每种资产的详细目录，对建筑物的任何改造和翻新均可记录在案，实现了建筑工程现场数据存证的完整性	施工现场管理、现场数据存证
荷兰	HerenBouw 公司	阿姆斯特丹港口大型开发项目	通过区块链项目管理系统，保证准确性和审计跟踪的有效性，使每一个工作人员承担起完成关键任务的责任，减少业务流程中的摩擦，从而提高建筑开发生命周期效率	资料存证、运营管理
美国、澳大利亚	美国 Brickschain 公司、澳大利亚 Probuild 建筑公司	建筑供应链过程验证项目	帮助建筑公司跟踪建造过程中涉及的所有资料的来源，Brickschain 的项目可以对建筑工地设施进行追溯。一旦建设完成，业主将拥有每个房间内每件设备的详细资料。业主将能够检查供应商或保修细节，以防出现问题	建筑供应链管理
意大利	BrikBit 公司	BrikBit Digital Shares 区块链生态系统（第一个基于区块链的生态系统）	利用区块链技术实现房地产企业的流程自动化、中介化和透明化，从而开发和管理房地产行业的整个运营流程	运营管理

工程项目管理区块链平台汇总（学术文献）　　　　表 2.3-3

平台/产品名称	国家	创建公司	平台简介	已应用工程项目	应用场景
BitRent	俄罗斯	BitRent	旨在提供投资过程的可访问性和透明度。采用开放式建模和自动化监控的方法实现施工过程的监控。在施工中，应用射频识别（RFID），安装在结构部件上，实时记录建筑构件的状态[51]	暂无	施工现场管理、投资管理

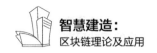

续表

平台/产品名称	国家	创建公司	平台简介	已应用工程项目	应用场景
BIMChain	法国	BIMChain	是一个致力于将区块链技术能力集成到 BIM 工作流程中的项目,旨在在 BIM 工作流中创建各种交易场景的数字证明,并将这些证明添加到公共区块链上[117]。BIMChain 旨在解决的问题是数据保密性低、缺乏版权执法、责任不明确和同行贡献质量低,这些都导致协作效率低下[118]	暂无(测试阶段)	施工现场管理、现场数据存证

在环境治理方面,基于区块链技术的监测功能,法国建筑公司 XTUArchitects、法国商业财团 Systematic 将与一家中国开发商合作,建造一座环保摩天大楼。其中,杭州金苏贝工程公司将设计一个基于区块链的网络,旨在管理空气质量,能源储存以及四座塔楼之间循环互动的其他环境系统。这将是用于满足未来智能城市需求的大型物联网上层建筑的首次应用。

在现场数据存证方面,美国 Gardner Builders 公司开发的"数字化孪生兄弟"系统运用了区块链技术,记载了建筑中每种资产的详细目录,对建筑物的任何改造和翻新均可记录在案,实现了建筑工程现场数据存证的完整性。

在运营管理方面,荷兰 HerenBouw 公司将区块链应用于阿姆斯特丹港口的大型开发项目,通过区块链项目管理系统,保证准确性和审计跟踪的有效性,使每一个工作人员承担起完成关键任务的责任,减少业务流程中的摩擦,从而提高建筑开发生命周期效率。

在供应链管理方面,澳大利亚最大的建筑公司之一的 Probuild 公司与总部设在加州的 Brickschain 公司合作,以验证建筑供应链过程。作为一家创业公司,Brickschain 拥有一系列针对区块链建筑管理的产品,可以帮助建筑公司跟踪建造过程中涉及的所有资料的来源。数据来自不同的供应商及其系统,使用 API 集成。建筑工地通常有各种各样的设施,Brickschain 的项目可以对这些设施进行追溯。一旦建设完成,业主将有每个房间内每件设备的详细资料。业主将能够检查供应商或保修细节,以防出现问题。

通过对国内外工程项目管理区块链平台及其应用案例进行梳理,发现目前虽有不少公司投入到工程项目管理区块链的研发之中,并已开发出相关平台,但多数平台尚处于测试阶段,未投入实际应用。在文献方面,关于工程项目管理区块链实际应用方面的信息多来自新闻报道,相关学术论文非常有限,这说明工程项目管理区块链目前还未得到广泛应用,所涉及的项目大多还处于愿景或起步阶段。综合文献资料和实际案例,国内外建筑区块链的应用案例均呈现出处于"平台构建"阶段的特征。在我国,区块链技术在建筑业的应用已有"试水"项目,如雄安新区区块链资金管理平台和深圳宝安区的混凝土区块链平台均已实现项目落地。从全球范围看,有高达50家以上的软件公司已留意到建筑业区块链技术的需求,并开发出相应平台,但距离项目实际落地还有一定差距。

2.4 本章小结

本章全面概括了区块链在工程项目管理中的应用现状,涉及政策支持、理论研究和案例分析三个方面。在政策支持方面,对国内外建筑业区块链相关政策进行了内容分析和量化分析,总结了建筑业区块链相关政策数量、政策内容、政策效力的时间和空间分布及演化路径,揭示了建筑业区块链政策创新发展情况。在理论研究方面,采用文献计量学的方法,分析建筑业区块链研究的机构合作网络、作者合作网络及关键词共现网络的知识图谱,总结了当前国内外建筑业区块链领域的研究热点与发展趋势,揭示了建筑业区块链研究创新发展情况。在案例分析方面,选取国内外典型案例,从内容和场景等方面揭示了区块链在工程项目管理实践中的应用现状。研究发现,建筑业区块链相关研究近年呈增长趋势,政策层面上也对建筑业区块链做了大力支持,但实际落地项目较少。区块链技术在工程项目管理中的应用具有较大潜力。随着技术的进一步发展和相关政策的出台,预期未来将有更多的工程项目采用区块链技术,从而实现更加高效、安全和透明的项目管理。

第3章

区块链驱动的工程建设与管理模式创新研究

3.1 区块链技术对创新管理理论、管理模式、管理创新的影响

3.1.1 区块链技术对创新管理理论与管理模式的影响与促进

区块链技术是一种具有去中心化、可追溯、匿名、开放、不可篡改等特性的新兴技术[119],自提出以来受到了许多学者与企业的关注,并被应用于金融、食品安全、供应链管理、风险防控等领域,随着区块链技术的发展与普及,逐渐向工程管理、知识产权保护、物流管理、汽车工业、社交、医疗、共享经济等领域渗透[29,120],并得到广泛认可。

区块链技术的广泛应用,对当前管理理论与管理模式提出了挑战。目前,普遍采用的管理理论与管理模式均是基于中心化管理的特点提出的,即存在一个具有超级权限的管理中心,然而,由于区块链技术的去中心化特征,采用区块链技术的行业或企业将处于一个去中心化的管理环境中。此外,区块链技术将为组织创建新型的非中心化管理架构,提出利于全员参与且透明化的共识机制、激励机制以及信息传递机制[120,121,122],建设具有开放性与不可篡改性等特点的记录管理活动的信息管理系统,这使得已有的管理理论与管理模式并不适应应对和解决该环境下产生的新型管理问题。

基于上述背景,迫切需要分析和研究区块链技术环境下的新型管理要素对管理理论与管理模式的影响,优化并调整当前管理理论与管理模式,形成具有针对性、可行性与有效性的区块链技术环境下的新型管理理论与管理模式。需要指出的是,区块链技术的提出与应用,对于管理理论与管理模式的创新发展起到了促进作用,这符合技术发展带动组织形式、管理理论与管理模式变革与创新的基本逻辑。在区块链技术背景下,提出新型的管理理论与管理模式具有重要的理论研究价值与实践指导价值。

管理模式是按照管理理念进行构建的一种管理行为体系结构,包括管理方法、管理模型、管理制度、管理工具以及管理程序。这些组成部分相互配合,通过科学的管理原则和方法,实现对组织和资源的有效管理[123]。区块链技术的应用在管理制度、管理方法、管理工具以及管理程序组成等方面对管理模式造成一定影响,这主要是因为区块链技术所要求的管理思维与传统管理模式之间存在较大差异,例如,区块链要求去中心化的管理模式,而传统主流管理模式均为中心化模式;区块链可以提供开放、可追溯且不可篡改的透明化管理过程,而传统的管理模式则存在信任缺失等问题。这种差异与不匹配,使得目前主流管理模式并不适用于应对区块链技术环境下的新型管理问题,势必会促使管理模式发生变革,以此适应新技术环境下的管理问题,因此,区块链技术对管理模式造成影响是不可避免的且具有重要价值。这些影响主要包含如下几个层面:

(1) 制度层面:区块链技术所要求的新型管理理念与组织已有管理理念之间存在明显差异,将会直接影响组织的管理制度,需要组织借鉴国内外新型管理制度的制定方法,结合新型管理理念与组织自身实践,制定能够适应新兴技术环境的管理制度,在制度层面保证良好的区块链技术应用环境。

(2) 方法与工具层面:区块链技术对管理模式提出了新的要求,且明显区别于传统管理特征,新技术环境会使得管理具有智能化、自动化、透明化与信息化的特征[29,121]。传统管理模式下的管理方法与工具在新技术环境下可能会失去作用。因此,在管理方法与管理工具层面仍需要作出调整。

(3) 程序层面:区块链技术不仅在制度、方法与工具层面影响管理模式,在管理程序上也存在影响,管理制度的改进势必会影响到组织的管理程序。新技术环境下,部分传统管理程序将会省略,为应对新技术环境下组织管理的要求,一些新的管理程序将被提出并应用,进而形成能够有效适应新技术环境的组织管理活动。

3.1.2 区块链技术对管理创新的促进作用

管理创新是指组织形成创造性思想并将其转换为有用的产品、服务或作业方法的过程[123]。管理创新的主体是组织,关键在于激发创造性思维,产生实用成果,提高绩效和竞争力。区块链技术的功能将会作用于企业的组织,扩展或重塑组织的管理结构,形成更加透明和去中心化的管理框架,组织分权程度更高,这有利于调动企业员工的自主性和积极性,为组织的管理创新提供人力资源保障。同时,区块链技术会强化组织与外部的连通与交互,有利于组织从外部获取新鲜元素,助力于组织的管理创新。此外,区块链对创造性思维形成及其转化为有用

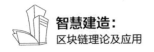

的产品、服务或作业方法均有记录、监督和协助的促进作用。

另一方面，区块链技术促进形成具有精准化、信息化、自动化、智能化的管理体系，这有助于信息有效利用，降低信息交互成本以及提升信息传递速度，进而助力于组织内部实时信息交流、知识共享与储备，该体系将会为创新性思维的产生提供信息与知识支持[120]。

例如，在食品药品供应链中，区块链技术的使用可以有效监管食品药品的原材料采购、生产与销售过程，可以避免数据被篡改以及不可透明追溯的问题，能够使供应链企业与消费者构建信任基础，打造信用价值网络，这与未采用区块链技术环境下的情形相去甚远。在这种数据多方维护、交叉验证、全网一致、不易篡改的新型技术环境下，食品药品供应链欠缺能够有效指导组织运营的管理理论与管理模式，这将大大促进供应链成员组织的管理创新。

3.2 区块链技术革新工程管理模式

关于区块链技术如何革新工程管理模式，可从微观、中观、宏观3个层面进行分析。

3.2.1 微观层面的革新

从微观层面看，即项目日常管理层面看，区块链技术的应用可减少非增值但基于技术条件限制而有必要存在的动作环节，实现流程优化和岗位职能变化。在应用过程中，区块链技术特性可发挥相应的技术优势，进而对管理产生相应的变革。

1) 流程优化的变革

区块链技术的不可篡改特性，可以带来监督/审核的技术优势，实现以下流程优化：①区块链数字签名审批：如勘察设计文件的审批，质量安全管理的检查审批等；②管理过程的上链留痕：如建材供应链管理，安全管理中的劳务信用管理、安全交底及培训管理等；③资金流转过程管理，如数据采集的上链保存，施工阶段土石方数据的物联网采集，绿色施工数据采集等。

区块链技术的安全分布式数据库特性，可以带来多线条信息管理的技术优势，实现以下流程优化：①基于联盟链技术搭建业务范围内点对点的实时信息交流网络：例如设计阶段设计方、业主及相关参与方的信息传输网络方便实时沟通，提高各自的工作效率；建筑供应链参与者的信息网络，如施工方、货运方、材料供应方等；②基于区块链技术的合同管理：通过将业主纳入区块链系统的参与方之一,实现对整个工程合同链条中任一分包商进行实时监控,从而加强了合同管理的过程[124]。此外,基于区块链技术还能带来数据共享方案的技术优势,从而实现参与方数据的统一性和同步更新。通过优化以上流程,可以有效提升合同管理效率。基于区块链搭建的分布式数据库系统,相关各方所获得的设计图纸、批复文件、会议纪要、项目信息修改变更、重要节点调整及各类资料文件等,可以同步更新并保持版本一致;例如施工过程中,项目经理可基于区块链远程会议修正核准变更签证单,之后再重新调度施工资源。

2) 岗位职能变化的变革

区块链技术的不可篡改特性,可以带来监督/审核的技术优势,实现以下岗位职能变化:①安全员、安全总监的现场安全检查工作量得到减轻:区块链技术与物联网、人工智能技术的结合,使得某些现场安全检查工作实现自动化和智能化;②监理单位、机械管理员、劳务管理员针对劳务人员、特种工作人员、进场单位的资质核查工作的效率得到提高:基于区块链技术的不可篡改性,资质核查时将相应的资质证明材料上传,由于保存在区块链系统中的材料具备法律效力,因此资质材料造假行为会被记录下来,反过来可减少资质造假行为的发生。区块链技术的不可篡改特性,也可以带来见证的技术优势,实现以下岗位职能变化:①工程审计人员减少部分重复的工程审计工作:通过将各阶段的工程造价数据接入区块链中,代为完成大部分审计工作;②工程账务管理人员可对工程收支进行实时监控:区块链技术可以实现工程各项收支及突发费用发生时的实时记录及查询,防止资金流程出现冗余或者丢失;③施工质检员可以更加精确地进行质量检查:施工质检员可以使用区块链实时记录数据,防止记录被修改或者作假,保障工程建设的质量和安全。

区块链技术的安全分布式数据库特性,可以带来多线条信息管理和数据共享方案的技术优势,实现以下岗位职能变化:①安全员的资料收集工作量减轻:安全员可以在区块链管理系统中下载相关参与方上传的有关安全资料,方便安全资料档案的建立;②编写和传输资料的工作量减少:安全日志、检查报告、验收报告等日常管理文件可线上填写,线上生成,并推送到区块链系统中的各大参与方节点。

3) 流程优化以及岗位职能变化的变革

区块链技术可以实现去中心化的自组织管理,进而实现流程优化和岗位职能的变化。基于区块链的 IF/THEN 自动触发管理流程,可以替代工程岗、造价岗、项目管理岗等岗位的一些重复性工作,达到智能化管理。基于审图规则和结合 BIM 技术,区块链技术可实现自动审图工作;基于智能合约自动完成供应链资

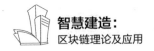

金管理；基于区块链技术与BIM技术的结合，使得施工过程的信息可在BIM模型中得到确认，进一步减少现场项目管理层人员对客观事务的管理工作；借助区块链实现设备使用周期内的材料元件报废回收节点的自动管理。

3.2.2 中观层面的革新

从中观层面来看，即企业管理层面来看，区块链技术的应用将为企业管理复盘提供全面真实有效的数据来源，进而促使企业管理从战略层面进行信息化转型，在不断细化信息颗粒度的情况下，从关注管理动作转变为关注管理内涵，厘清各业务信息的逻辑关系和逻辑通道，建立起平台型信息应用模式，真正实现降本增效。

在之前推进信息化的过程中，由于信息技术的限制，企业主要关注于管理动作，例如流程之间的部门协作是否规范化。然而，此种做法无法充分关注管理内涵，即各个流程的管理内容之间存在的逻辑规律。例如，商务管理中心设定的合同是否合理以及其中的条款文本如何制定是当前商务管理领域中一个重要的问题。同时，该合同中的责任条款、权利条款和风险条款与项目部在项目施工过程中的实际管理工作，以及财务管理部门和审计部门在实际结算过程中的具体管理工作之间也存在着紧密的关系。然而，在信息化建设的过程中，对这些问题并没有进行深入的探讨[124]。借助区块链和相关先进信息技术搭建的信息管理平台，实现结构化的信息管理，因为一条工程信息记录可能包含了多个文件、多组数据结构，以及基于数据结构的信息检索，因此可以厘清各个管理环节信息之间的逻辑关系，细化相关部门工作内容的关联逻辑，提升部门协同的最终效果，实现管理的降本增效。

此外，在现有信息技术条件下可满足管理需求的信息颗粒度太粗，信息的边界条件和应用场景不明确。比如，在工期管理方面，信息化管理需求主要集中在项目排计划阶段[126]。基于区块链技术，可以使4天一层还是3天一层的问题从过往细化的管理数据中得到参考，进而满足深层次的管理需求。以钢筋含量为例，30kg的钢筋含量，对应的是两室一厅还是三室一厅，是南方的还是北方的户型，是高抗震区还是低抗震区，这些信息的边界和应用场景也在区块链技术应用之下得以明确，满足项目的不同需求[125]。

在信息平台的建立过程中，由于日常管理涉及多个业务线的交叉并行，因此需要从不同业务线和相关方面获取信息并进行加工处理。加工完成后，将产生大量新的信息反馈，用于支持下一步的管理决策。通过运用区块链技术，可以建立一个平台，以确保在两个以上业务线交叉或并行时，相关信息的逻辑关系和信息传递通道得以清晰和畅通。这个平台可以明确每个管理动作所需的相关方和信息，并确定这些信息需要进行怎样的逻辑运算。最后，平台用户将得到相应的反馈结果[125]。

3.2.3 宏观层面的革新

在区块链信息环境下，就存储记录的内容来看，区块链技术能够有效地将来自不同部门（如施工单位、设计单位、供货单位、采购单位、分包单位、建设行政主管单位、业主等）的海量离散数据同步存储于系统的各个区块内。通过连接到区块链网络上，这些区块可以实现信息资源的跨部门、跨单位和跨地域的联动[46]。区块链平台通过融合大数据技术、物联网技术、云计算技术、人工智能等技术，在行业建设层面，实现提高信息化管理水平、建设诚信市场环境、优化工程行业劳务管理等结果。

（1）行业诚信化建设。通过区块链进行工程项目管理，可以减少行业监管和信用管理人员的大量机械和重复性工作，自动化进行交易和信息的复核和验证。这不仅提高了监管的效率，同时推动了建筑业诚信环境的加速形成。

（2）行业信息化管理。通过应用区块链分布式账本技术，基于共建共享的原则，实现全面数据的归集，对数据进行分析和加工，将信息由经验转化为具有重复指导作用的知识。这样可以提高各类管理行为的效率，并促进工程行业的信息化管理水平的提升。

（3）行业劳务管理。基于区块链技术构建项目信息管理集成平台，实现对用工全过程的不可篡改的记录，从资质审核、进场施工、离场结算和事后劳务信用评价等方面来减少劳务纠纷，优化工程行业的用工机制，提高劳务管理的效率和效益，真正促使建筑行业从劳动密集型转向技术、管理密集型。

3.3 区块链技术赋能工程项目管理的创新路径

工程项目管理的转型方向是数字化、信息化转型，为了更好地助力工程项目管理的信息化转型，可从以下三个方面展开创新应用[126]。

（1）数据框的搭建

区块链技术本质作为数据库管理技术，其赋能工程项目管理的时候，需进行数据框的搭建。从业务角度来看，不同业务覆盖度的公司对于信息逻辑和信息框架的需求程度不同。在项目投资立项阶段，全产业链企业特别需要全周期信息逻辑关系的支持。因此，全产业链企业对于信息逻辑和框架的需求远大于单专业公

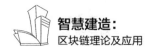

司。此外，工程项目管理也正朝着全生命周期管理的方向发展，对全周期信息逻辑关系的需求日益凸显。在此背景下，为了实现真正的数字化，借用区块链技术赋能工程项目管理的过程中，需要搭建将所有信息涵盖在一起的完整的宏观数据框。该数据框是多层次和多维度的，包含所有相关方和相关点的信息。因此，在搭建的时候，适合先从框架层面入手，通过采取逐个分析相关点和相关方的方式，深入了解所需数据框的真实架构。

（2）挖掘非信息规律

搭建数据框的实质是建立整个数据的逻辑关系。为了确保框架中的数据能够被真实有效地应用，在对现有信息进行梳理后，需要通过分析信息的规律、边界和标准，并将这些非信息的规律填充到已搭建好的数据框中。

（3）完善信息网络建设

为了更有效地发挥数据框的作用，在数据管理过程中，需要将管理动作细分化，不断改进信息网络的建设，以实现数据间逻辑关系的实施和应用，从而进一步实现信息的高效传递和管理。

3.4　本章小结

本章探讨了区块链技术对创新管理理论与管理模式的影响，提出鉴于区块链技术的去中心化特征，有必要形成新型的管理理论与管理模式。本章总结出区块链技术对管理模式的影响主要体现在管理制度、管理方法与工具、管理程序三个层面。此外，本章分别从微观、中观和宏观三个角度，分析了区块链技术对工程管理模式产生的革新作用。同时，本章还讨论了区块链技术赋能工程项目管理的创新路径，阐述了区块链技术在工程项目管理中的创新应用方法。

第4章

区块链在工程项目管理中应用的潜在场景研究

4.1 区块链在工程策划阶段的应用场景分析

4.1.1 招标投标管理

传统招标投标过程存在诸多问题，如信息虚假、围标串标、暗箱操作等，导致信任危机和不公平现象。利用区块链技术不可篡改、可追溯的特点，能够实现从招标登记到评标定标的全过程留痕和数据真实性，确保招标投标过程公平、公正、公开。同时，应用区块链技术还能减少成本、解决信用危机，促进优胜劣汰，提升建筑行业的采购质量和工程管理水平[124]。

在传统招标投标活动中，投标人需要准备翔实的资格预审文件，而招标方也需要花费大量时间和精力审核资质文件。然而，当前的征信系统存在信息孤岛问题，导致决策和风险评估片面。区块链技术因其数字技术的信任机制，在资格预审环节中能够整合企业和从业人员的资信情况，并提供全面系统的可信赖的数据[126]。在工程项目资格预审阶段，可以建立一个基于区块链的建筑行业资信平台，各个资信评定权威机构使用自己的私钥在区块链上签署数字证书，记录企业和从业人员的资质、信用、奖励和惩罚信息，并按照时间顺序持续记录每一条资信数据。该平台上的信息发放和查询不会更改原始记录的数据，这样就保证了资信的真实性和稳定性[127]。

在招标过程中，为了保证项目顺利进行，参与者的选择至关重要。建筑工程常常存在临时性组合，部分人员可能会忽视工程质量，注重短期利益。区块链技术可以记录参与者的不诚信行为，企业可以通过这些信息快速建立信任关系，降低信任成本。同时，利用区块链的加密算法、智能合约技术，结合智能呼叫功能，可以实现评标专家抽取的自动化和加密化，保证评标专家信息不会泄露[128]。此外，通过区块链可以建立司法链，将招标文件、答疑澄清文件、投标人身份信息等数据上链,利用区块链的去中心化和不可篡改特性,增强数据的真实性和有效性。在纠纷发生时,司法机构可以直接认可链上证据,从而快速作出裁决,提高纠纷处理效率,进一步净化招标投标市场[129]。

4.1.2 勘察设计管理

国务院办公厅发布的《关于全面开展工程建设项目审批制度改革的实施意见》(国办发〔2019〕11号)要求工程建设项目审批制度改革试点地区要加快取消施工审图查、实行告知承诺制和设计人员终身负责制。勘察设计质量是决定工程建设质量的关键因素。区块链技术的去中心化特点可以确保勘察设计文件的完整性和不可篡改性,保证工程建设项目的质量和安全。同时,区块链技术还能够实现信息共享和数据互联互通,提高勘察设计行业的合作效率和审批效率。通过区块链技术,可以建立多方参与的信任机制,推动勘察设计行业的健康发展[128]。

区块链技术使得勘察设计责任真正落实到具体的人,保证勘察设计文件全流程责任可追溯、信用评价真实透明[128]。此外,借助区块链可以实现各参与方的信息共享和实时沟通,提高工作效率,确保在设计过程中各方资料的版本一致,同步更新[130]。勘察单位则可以利用区块链技术存储和共享地形数据,以便更好地制定合理的设计方案。通过区块链记录各节点的工作状况信息,方便信息交换和任务完成,提高设计单位按时按质完成任务的能力[131]。而设计方案完成后,通过区块链数字签名自动化的审核流程,既保证了信息准确安全,又实现了流程规范和快速进行[132]。

区块链与 BIM 结合还可以实现自动化的造价核算和审图。在造价核算方面,设计师可以快速完成建模,并进行计算复核与工程量统计。区块链记录设计师对模型的修改和校核等,在确定设计工作量的同时改变传统的按面积计算设计费用的方式。供应商可以根据链上数据进行快速报价,从而更快速、真实地统计整个工程的造价费用。区块链技术的不可篡改性和数据真实性也弱化了传统的集中评标方式。在自动审图方面,BIM 的自动审图技术可以转化为自动建模技术,设计师的工作将更注重创意和科研。自动审图分为规则解释、模型准备、规则执行和检查报告反馈四个阶段。基于区块链技术可以将审图知识库同步更新,实现快速筛选审图点和自动审图。随着人工智能技术的发展,基于大量审图结构的机器学习完全可能实现自动绘图工作,这种结合将推动工程建设的效益和质量提升[133]。

第 4 章
区块链在工程项目管理中应用的潜在场景研究

4.2 区块链在工程实施阶段的应用场景分析

4.2.1 建筑材料管理

建筑材料的选择与使用直接关系到整个工程的可靠性和稳定性。然而，当前建筑材料监管中存在篡改记录、伪造数据、追查困难等问题。为此，可利用区块链技术建立一个覆盖生产、运输、验收、检测、监管全链条的可追溯数据库。这将确保建材的来源可追溯，质量可信，使生产企业、运输企业、施工企业、检测机构、监管部门的参与全程化、透明化。这样的管理方式将提高建筑材料的质量安全和监管效果[128]。

借助区块链技术，可以构建一个透明、可追溯的构件制造和运输平台，确保构件质量和运输安全。通过智能合约自动化管理供应链环节，可以实现快速、高效的构件制造和准确的运输跟踪，提升运输效率，降低成本，保障建筑质量和项目进度。而通过结合区块链、装配式、BIM 和 GIS 等技术，可以记录和校验项目采购和建设安装过程中的相关信息，并整合到项目的整体信息中。通过 ID 标注和区块链的链接，可以指导项目建设和验证生产、运输、施工安装等环节，确保其符合要求。此外，该方法还可扩展到建筑的全生命周期，包括运维和更新改造方面，有助于促进责任落实和生态环保要求[130]。2020 年 1 月，深圳市建设科技促进中心参与指导、腾讯云微瓴建设的深圳宝安住建混凝土质量区块链平台的上线即展示了区块链技术在建筑全生命周期的应用潜力。该平台结合 BIM 技术，通过实时采集和掌控混凝土从生产到使用的全生命周期信息，能够对混凝土质量数据进行三维可视化观察和永久追溯[134]。

4.2.2 建筑废弃物管理

当前，城市化相关的建设活动使得建筑废弃物占到废弃物总量的 30%～40%。由于资源化技术尚未成熟，大量废弃物未得到妥善处理，由此产生材料资源浪费、土地资源占用和环境污染问题。建筑废弃物管理成为实现可持续发展的关键问题。在区块链技术的帮助下，可以保证线上数据的不可篡改性和溯源性。将关键信息上链分布式存储，使得数据透明可信。这样能够避免建筑废弃物被露天堆放或直接填埋，实现可追溯性[128]。此外，区块链技术还可以结合如雾计算、云计算、物联网、人工智能等技术对建筑废弃物进行测绘和管理[135]。

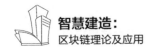

4.2.3 工程总承包管理

工程总承包是目前国家大力推行的工程管理模式。然而，该模式在实际运行中存在信息传递和合同管理不畅的问题，加之业主对项目质量控制程度受限，往往导致工程效率低下，进度拖延，履约率低。通过区块链，业主可随时监控整个工程链条中的分包商，增强合同管理，并应用智能合同监管项目质量和风险。同时，区块链能够提高工程管理的透明度和可信度，有效解决信息互通不畅、合同管理不完善和工程质量难以控制等问题。采用区块链技术，有望改善工程总承包模式的运作，提高项目管理的效率和可靠性，带来更好的工程质量和业主满意度[126]。另外，通过将区块链技术集成到协同平台中，可以实现工程总承包模式下项目参与者价值的量化。通过建立"虚拟产值"制度，可以量化项目参与主体以及各级机关非生产部门的贡献，从而为薪酬分配制度提供依据[136]。

4.2.4 风险管理

风险管理可以帮助建设单位有效地识别和评估可能的风险，并采取相应的预防和应对措施。这有助于提升施工过程的安全性和效率，减少事故和错误的发生。风险管理还有助于合理调配资源，控制成本，并确保工期，准时交付。通过有效地管理风险，能够更好地保障工程质量，提升项目的可靠性和可持续性。区块链技术在风险管理中具有重要应用价值。通过将信息编码程序写入区块链系统，可以实时监测工程项目的进度、质量和费用情况。一旦出现问题与原计划偏离，系统会自动发出警示报告，项目管理人员可以及时了解问题的环节和原因，并采取纠正措施。待相关单位完成纠偏后，系统自动取消报警[137]。这种方式使得风险管理更加高效，减少错误发生的概率，提升项目的可靠性和可持续性。目前，与施工活动相关的工程保险种类繁多，但难以统计复杂工程项目的信息。通过应用区块链技术，可以将工程项目的基本信息和相关记录放在区块链上，如概况、周边环境、施工日志和质量安全等，使保险机构能够准确获取工程信息，并准确判断事故原因。这样可以提高理赔效率和降低核保成本，确保保险公司能够即时、准确地处理客户索赔事件[127]。

4.2.5 成本管理

区块链技术结合 BIM 和大数据可实现对施工成本进行实时分析和控制。利用区块链的加密算法，对工程造价数据进行积累和分析，实现分布式存储。这种存储机制下的数据可用于价值工程分析和改进，推动建筑工程成本的降低，并促进

第4章
区块链在工程项目管理中应用的潜在场景研究

建筑行业知识的积累与传递。传统的成本管理过程中台账数量庞大，记录复杂，且不易保管和共享。引入区块链后，将工程台账实时录入到基于BIM的区块链中，形成不可更改的时间戳，方便各类台账的记录和管理。录入到区块链中的台账可避免丢失且易于保存，同时信息公开化促进信息共享，对项目成本核算和分析起到重要作用，节省时间和资源[138]。在工程审计中，建设单位在决策阶段应全面调查和进行可行性研究，并确定项目估算金额。区块链工程造价跟踪审计系统架构涉及设计、施工和竣工阶段。在设计阶段，工程造价审计人员应确保设计人员合理应用BIM进行调整和规划，保证质量。区块链在工程造价审计中具备数据库功能，可以帮助设计人员迅速完成工程建模，对计算进行复核，得出工程量的概算。在施工阶段，工程审计人员需降低成本并提升效益，区块链可将造价数据与BIM和智慧工地相结合，减少现场管理突变对审计的干扰。在竣工阶段，审计人员需确认工程量的准确性，核查验收记录和签证的真实有效性，区块链可保证每个环节决算的精准性[139]。区块链技术在工程审计中的应用加速了业务转型。转型方向主要集中在三个方面：加强工程系统应用审计，这要求审计人员能够拓展数据洞察力和审查范围；推动工程系统内控审计，采用内部私有链解决被审单位质疑问题，这要求审计人员兼具多学科复合型能力；催生工程智能合约审计，这要求审计人员既懂专业审计工作又熟悉编程开发技术[127]。

4.2.6 质量安全管理

区块链技术在建筑工程项目中的应用提升了施工安全和质量管理水平。通过利用区块链的追溯功能，可以准确查找到不合格工序的责任方，例如具体的责任人或供应单位。区块链技术对质量安全管理的提升主要体现在以下四个方面：第一，可以实施总包、分包公司和劳务人员的信用管理；第二，可以记录现场工人和设备的安全培训情况；第三，可以及时记录和调查现场安全事故；第四，结合人工智能技术进行安全交底、预防和防范工作。区块链技术还可以实现工程质量的实时监督和事后追责，改善材料供应链管理、工程设备租赁和材料采购支付等方面[128]。

4.2.7 环境保护管理

绿色施工是指在项目的施工过程中最大限度地减少对施工现场环境的破坏和干扰，以实现可持续发展。具体包括降低能源、水和电的使用、减少施工噪声和光污染、降低碳排放量以及控制施工扬尘等。现有的工程施工中已经有对节能、扬尘控制、污水控制、固废控制和能源控制等方面的规定和措施。然而，在实际

89

操作过程中，环境保护主要由建设单位和施工单位负责，而政府部门只能进行监督和管理。这种情况导致直接受影响的周边居民和其他建筑主体缺乏参与和沟通的渠道，从而产生了群众不理解、不信任甚至阻扰工程项目施工的情况。区块链技术的应用可以解决上述问题，其安全可信、不可篡改和去中心化的特点使其适用于施工环境保护监督领域。通过区块链技术，未来可以实现对工地施工道路清扫洒水、混凝土搅拌站废水排放、机械作业时段噪声、废弃物堆放和运输等环保相关行为的记录与查询。监督情况可以考虑与绿色建筑评价体系结合，也可以与房地产市场结合使用[137]。

4.3 区块链在工程全生命周期的应用场景分析

4.3.1 建设资金管理

工程建设领域存在着资金截流、挪用、拖欠等问题，尤其是在政府投资项目中，资金使用和监管更加复杂。不良的资金使用行为往往导致建设项目质量问题和民工维权事件。传统的建设项目管理注重制度建设，但人员行为管理能力有限。区块链技术可以对参与人员真实透明行为进行展示。结合区块链和制度建设，可以有效预防和避免不良行为的发生，确保建设项目质量和信誉。具体做法包括将参与方和参与人员的账户上链，实现点对点的资金拨付和支付，明确资金的发放方和使用方。同时，利用精准定位、轨迹跟踪和视频联动等技术，实时记录施工人员的位置、活动轨迹和工种分布情况。这种穿透式管理可有效管控施工行为，保障建设项目的顺利进行[140]。

4.3.2 合同管理

工程项目管理所涉及的合同管理与执行可以借助智能合约来实现。基于 IF/THEN 原则，智能合约将规则代码嵌入区块链中，通过预设条款对项目合同进行智能管理[46]。所有合同都上传到区块链平台，通过智能合约确定付款路径，解决传统工程项目中的问题。例如，当施工单位提交进度款请款报告时，智能合约系统会自动追溯实际进度，确认质量合格后自动履行付款。区块链中的其他节点也对智能合约进行监督，在事故调查或索赔申请时，追责条款自动生效，督促各方按约执行。智能合约的应用提高了执行效率、加强了各方责权利边界，动态调整项目进度并提升完成度。此外，智能合约可降低合同成本和管理成本，并便利施工索赔[127]。

4.3.3 资料管理

为了更好地管理和共享资料,可以利用区块链技术创建云端数据平台。比如,可以由建设管理委员会或国家档案馆牵头,建立全国性或地区性数据共享资料管理平台。参与单位包括各建设项目业主和设计施工部门等。每个工程在平台上注册后,会生成一个项目代码或信息追踪码。参与方通过建设方授权,在统一项目建设码下获取用户代码,记录工作内容、验收程序、纪要等,实现数据共享。区块链技术安全记录工作内容、参与方工作节点、工作类型、验收时间、工作质量评价,以及反馈意见和使用情况,工作进展和进度控制清晰可见。资料生成后,可以保证其安全性,不会被篡改或丢失。这种云端数据平台的建立可以实现团队协作的常态化,提高工作效率。通过这种创新的工程项目资料管理方式,可以节约成本,提高经济效益。工程竣工备案后,电子资料在云端进行备份存档,并被视为机密文件,只有经档案馆特殊授权方可访问。此外,物业管理方也可以通过平台注册申请,追加到区块链平台的用户体系中,方便查阅工程图纸、质量情况,记录维修情况、维修内容、质量验收情况、建材使用情况等[141]。

4.3.4 建筑供应链管理

供应链管理是工程项目管理中的核心,涉及设计文件、采购设备、材料、人力资源、工程器具、工程设备等多个环节。通过区块链技术的应用,可以有效解决供应链管理中的各种挑战。首先,通过在区块链系统中使用公开许可,供应商、零部件供应商、物流企业等参与方可以递交相关信息,建立起供应链的数据共享平台。这将实现供应链信息的实时更新和全程可追溯,从采购合同开始,每个环节的信息变更都将被记录在超级账本中,不可篡改和删除,确保了数据的真实性和安全性。采用区块链技术,工程项目管理可以实现供应链的透明化管理。通过区块链的不可篡改性,可以掌握供应链中设备的设计、生产和交付的全过程信息,包括质量、进度等各方面的细节。这为项目管理者提供了全面的信息,使他们能够更好地控制质量、进度和费用等管理目标,提前识别和解决潜在的问题。另外,区块链技术还可以提高供应链管理的效率。通过建立供应链的公开许可系统和实时数据共享平台,各参与方可以更加高效地协调和合作。无需烦琐的人工核对和沟通,各方可以准确地获取所需的信息,并及时作出相应的调整和决策,提高项目的整体运作效率[142]。

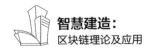

4.3.5 建筑运营管理

建筑运营管理涵盖了建筑全生命周期的各个阶段,其中运营阶段在整个生命周期中占比最高。在运营阶段,建筑需要进行设备设施的维护、修理和保养,以确保基本使用需求的满足并延长建筑的有效使用寿命。通过区块链技术的应用,可以实现建筑运营管理的智能化和可持续化[126]。一方面,利用区块链技术,维护人员可以实时监督建筑设备设施运行状态,及时处理故障和低能效工况。通过全面掌握设备设施的状况,可以延长设备设施的使用寿命,降低更新频率,缩短项目的投资回报周期。例如,在楼宇电力设备维护过程中,通过高灵敏度传感器监测设备运行稳定性,可以实现故障预警和预见性维护,同时结合BIM技术进行快速定位和更换。另一方面,利用区块链技术,可以推动建筑的可持续发展。比如,区块链作为重要技术被应用于评估建筑是否满足碳排放标准,因其可以记录建筑全生命周期的碳排放数据并进行计算。通过结合楼宇内部使用情况和外部环境变化,区块链还可以实现能源的动态优化使用,记录设备生产阶段的可回收材料与元件,实现设备报废后的回收利用。此外,随着光伏发电等新能源技术的发展,建筑还有可能成为能源的生产者,并且通过区块链记录能源的所有权与传输量,为建筑的发展提供更多可能性[126]。

4.4 其他应用场景

4.4.1 装配式建筑

装配式建筑是近年来被大力推广的一种建筑方式。《国务院办公厅关于大力发展装配式建筑的指导意见》(国办发〔2016〕71号)提出要力争在未来十年内让装配式建筑占据新建建筑的30%以上。预制构件是装配式建筑的重要组成部分,影响建筑质量和人民生命财产安全。然而,当前的预制构件市场存在着质量参差不齐的问题,原因在于不同厂商在原材料使用、配合比选取、施工工艺流程、养护措施等方面存在差异。尽管一些预制构件信息管理系统正在逐渐应用,但仍然存在数据篡改、数据伪造、难以追责等问题。通过区块链技术和其他技术,如RFID和BIM技术的集成应用,可以建立更加完善的全过程预制构件质量管控追溯机制。装配施工阶段,各参与方之间需要及时准确地进行工作对接与反馈,而区块链技术可以帮助保存和共享参与者在施工过程中的各种信息,从而实现工程进度、质量控制和降低建造成本。此外,通过建立装配式建筑供应链信息流区块链模型,并对链上信息进行追溯与查证,可以确定责任方,保证工程质量。因此,区块链技术在装配式建筑建造过程中可以实现多入口管理和全局化控制[128]。

4.4.2 建筑市场诚信体系构建

通过区块链技术的不断运用,可以形成项目完整的可信数据积累,并建立真实可信的项目信用记录和人员信用记录。区块链技术可以将各个部门的海量数据同时存储于该系统的区块内并连接到区块链网络上,实现跨地域、跨部门、跨单位的信息资源联动。根据工程项目管理的逻辑,区块链技术能够以实时的方式记录与之保持一致的有序数据,并确保所记录的数据不可篡改和毁损。区块链技术可以提供可信度高的证据来源。比如,行业监管和信用管理人员可以在区块链网络上访问任何一个节点,调用项目的业务信息和交易数据来进行复核和验证,从而提高监管效率。同时,采用区块链技术后,虚假信息发布和不诚信行为都将受到严厉惩罚,因为它们会被广播至区块链网络的每个端口。这样,工程行业中的交易欺诈和合同恶性违约现象将大大减少,推动建筑业诚信环境的形成[46]。

4.4.3 工程信息化管理

随着BIM技术的发展和智慧工地的推广,结合区块链技术将进一步简化项目管理。区块链的发展可以有效地缓解实施计划和调度方面的困难。将区块链和BIM技术结合应用于工程现场信息的管理,也增强了其他具体应用领域的可操作性。例如,可以对工程项目现场的保护监督和环境监测进行记录查询,将工程质量事故追查流程变得更加高效,将工程保险的执行过程变得更加及时准确[133]。区块链技术在工程信息化管理中的应用主要体现在四个方面。第一,通过在全站仪上配置区块链装置,实时获取全站仪捕捉的方位和标高数据,并将其实时上链,实现数据的不可篡改性和永久可验真。第二,利用区块链技术对电子版工程资料和电子信息进行存证,通过上链的时间戳和数据广播同步,确保资料的不可篡改性,解决信任问题,实现文件的防伪和永久存储。第三,通过携带区块链装置记录点工和机械台班的行动轨迹数据,用以证明人力和设备工作情况,并将这些数据存储在链上,方便后续审查使用,杜绝现场作假的可能性,并通过给载重车辆安装区块链装置的方式解决土方运距问题,便于过程管理和后续结算。第四,利用区块链技术实现工程现场数据的存证,通过将照片、现场会议纪要录音和录像等资料通过无线通信技术即时上传至区块链网络,并通过上链的时间戳和坐标信息等内容证明其真实性。上述应用可以提高工程信息化管理的效率和可信度[143]。

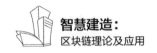

4.4.4 智能建造

区块链技术具有公开透明、不可篡改、可追溯性和高可靠性等特点，可以与建筑信息模型（BIM）技术结合，推进更高层级的智能建造[128]。在建筑工程项目中，区块链技术可以通过记录建筑构件的设计、生产、库存、运输、安装、验收等全生命周期信息，确保各方信息的一致性。BIM 技术是一种信息技术手段，可以进行数据采集、处理和展示，适用于智能建造项目的全生命周期信息管理。借助区块链技术，可以实现 BIM 数字孪生建筑。智能建造区块链可以记录建造过程中每个环节的数据，其以构件为最小信息单元，能够对建筑全生命周期的数据进行收集和传递。比如，利用互联网远程管理各地工厂，可以借助区块链比对设计、施工、生产三方信息，包括采购、运输、排产管理等，保证建筑构件需求、采购、生产数据的一致性。将 BIM 模型信息转化为工厂智能装备能够读取的信息，可以实现建筑制造过程的智能化和信息流畅化[126]。

为了减少信息流量和传递环节，可以采用二维码、射频识别（RFID）、轻量化模型等技术，实现信息传输的轻量化。为全生命周期信息管理制定统一数据标准，则可以实现构件数据身份认证和三维物理定性，可以自动抓取 BIM 设计生成的具有唯一标识的预制构件和部品信息，并将可追溯数据向后续各环节传递，这就突破了 BIM 技术的局限。通过将建筑数据与 BIM 模型融合到区块链集成的数据库中，可以建立综合型数据库，可视化呈现各种数据信息。此数据库将多个信息源汇集到一起，形成全面、实时的数据汇总。通过整理构件的基本信息、附属信息和状态等数据，能够获取进度、质量和安全等多方面的综合数据。这些数据为决策者提供了基础分析，并实现了实时联动的模式，对信息进行追溯和综合利用，为工程建设提供了重要的参考数据[126]。

在 BIM 协同建模和共享方面，区块链技术也发挥重要作用。通过区块链技术有效记录项目管理过程，并执行智能合约，项目的立项、审批、许可、施工、验收和物业管理等各个环节都可以永久有效地记录并随时查询。区块链技术能够完善建筑信息的记录与传递，为建筑全生命周期提供高效的数据积累和可视化管理。这将推动智慧建造的发展，提高建筑工程项目的效率和质量，促进建筑产业的转型升级[137]。

4.5 本章小结

本章对区块链在工程项目管理中各个阶段的潜在应用场景进行了分析。包

第4章
区块链在工程项目管理中应用的潜在场景研究

括：招标投标管理、勘察设计管理等策划阶段的应用场景，建筑材料管理、建筑废弃物管理等工程实施阶段的应用场景，覆盖工程项目全生命周期的建筑供应链管理、建筑运营管理等应用场景，以及装配式建筑等其他应用场景。分析结果表明，区块链技术在工程项目管理中具有涵盖整个工程周期的多方面的应用价值。

第5章

工程管理区块链架构设计、核心技术与应用

5.1 区块链技术原理及应用

5.1.1 区块链平台技术原理

区块链起源于2008年的比特币白皮书，但在当时并未直接出现"区块链"一词，而是分别出现了"区块"（Block）和"链"（Chain），简单来说就是把存储着一组交易数据集合的"区块"用"链"连接起来，为了强调区块链技术是作为应用的底层架构和实现方式，也可以将其称为分布式账本技术（Distributed Ledger Technology）[21]。具体来说，区块链是由很多台运行区块链软件的计算机组成的网络系统，其每个节点都通过P2P网络独立地和其他节点进行通信，每当发生一笔交易时，系统会根据共识算法确定一个节点，负责记录该交易的信息。记录完毕后，该节点还需向网络中其他节点进行广播。其他节点接收数据后与自身记录进行比对，确保数据的完整性和准确性，随后更新本地记录，从而实现整个网络中节点之间的账本数据一致性[29,144]。在这个过程中，通过非对称加密、哈希算法等密码学算法保证数据的隐私，避免数据丢失、被篡改，最后每个新区块生成时，都会被打上时间戳，然后依照区块生成时间的先后顺序相连成区块链。

5.1.2 区块链平台概要

区块链技术并非凭空产生，而是孕育和建立在多方面基础技术之上[21]，其中的核心技术如下：

P2P网络：P2P网络是分布式应用体系结构，其中不同节点具有相同功能。每个节点可以动态地向其他节点提供资源，如存储、计算和网络带宽，而无需中央处理节点进行协调。在区块链系统中，P2P技术的主要功能是通过公共互联网的TCP/IP结构，在对等节点之间实现任务分解和负载均衡，以确保交易和区块

数据的可靠传输,高性能的数据同步[145]。

共识机制:对于区块链来说,不能默认各个节点都是"友好"的,所以必须要解决各个节点的共识问题,即要让各个节点的数据库保持一致,而不同的共识算法就是为了达成该目的而采用的不同技术方法,比如工作量证明(PoW)、权益证明(PoS)、授权股份证明(DPoS)、混合证明和实用拜占庭共识算法(PBFT)等[21]。

非对称加密:非对称加密算法需要两个成对使用的密钥,即私有密钥(私钥)和公开密钥(公钥)。私钥是由用户掌握的不可泄露的,而公钥则可以公开给区块链中的节点[146]。生成唯一对应的私钥和公钥的算法主要基于计算复杂度上的难题,通常源自于数论领域。例如,RSA 加密算法基于整数因子分解问题,DSA 加密算法基于离散对数问题,而快速发展的椭圆曲线加密算法则基于与椭圆曲线相关的数学难题[146,147]。该技术一般有两个应用场景:加密和签名。一方面,乙方可以使用甲方的公钥对信息进行加密后再发送给甲方,甲方则使用自己私钥对密文进行解密,从而确保安全通信;另一方面,甲方可以使用自己的私钥对信息进行加密后再发送给乙方,乙方则使用甲方的公钥对信息进行解密,也就相当于甲方用私钥给信息加上了一个不可伪造的"数字签名"[147,148]。

哈希算法:在区块链中信息是以"哈希"(Hash)的形式进行记录的,通过哈希函数(散列函数)可以把任意长度的信息映射成为长度较短且固定的哈希值,常用的哈希算法有:MD5、SHA1、SHA256、SHA512 等。一般哈希算法需要满足以下几个条件:给定数据就可以在一定的时间内快速算出哈希值,无法算出哈希值所对应的原数据,数据的改动会导致得出的哈希值发生无序改变,不同数据得到相同哈希值的可能性非常低[149]。

时间戳:时间戳通常是一个字符序列,可以唯一地标识某一刻的时间,从而能够证明一份数据存在或发生于哪个时间点。区块链中的时间戳从区块生产的一刻起就存在于区块之中,每一个时间戳会将前一个时间戳也纳入其随机哈希中,按时间依次相连就形成了一个完整的链条[150]。

智能合约:智能合约可视为一种能够在区块链上部署的计算机程序。该程序能够自主地执行与合约相关的全部或部分操作,并产生可验证的证据,以证明合约操作的有效性[151]。

按照最常见的分类方法,根据参与者准入许可授权类型的不同,区块链可以被分为公有链、联盟链、私有链[149]。私有链和联盟链都属于许可链,即其每个节点都需要许可才能加入区块链系统[148]。

公有链是全人类、全社会公有的一条链,任何人不需要授权就可以接入,在

链上进行读取信息、记账、交易等行为,是一种完全民主化的区块链运行方式[149]。公有链的典型代表主要有比特币(Bitcoin)、以太坊(Ethereum)、EOS等,通常适用于虚拟货币、面向大众电子商务、互联网金融等各种B2B、C2B或C2C应用场景[152]。

联盟链介于公有链与私有链之间,是在一个联盟内部使用的区块链,由联盟设置各个节点的权限并决定是否接受新节点的加入,只有联盟内部成员才能进行链上数据的读取和记账,同时共识机制不需要完全去中心化使得TPS(每秒钟执行的交易数量)大大提高,有利于区块链应用的实际落地[149]。目前联盟链的典型代表主要有R3联盟、Hyperledger Fabric、Libra、企业以太坊联盟(EEA)、金链盟等,一般适合于机构间的交易、结算或清算等B2B场景。

私有链是某个组织或商业机构内部使用的区块链,每个节点的权限都被严格控制并可随时更改,运作方式更偏向于中心化,也因此交易速度非常之快[149]。目前私有链主要以Quorum为代表,应用场景一般是企业内部应用,如数据库管理、审计等。

此外,随着区块链技术的日益发展,区块链的技术架构不再简单地划分为公有链、私有链等,它们之间的界限逐渐开始模糊,出现了复杂链、混合链等概念[148]。

5.1.3 区块链平台应用

在《区块链:新经济蓝图及导读》一书中,梅兰妮·斯万将区块链技术演进历程分为区块链1.0、2.0和3.0三个阶段。世界上第一个区块链是在比特币中实现的,区块链1.0也以此为代表,在以太坊出现之前,扩展比特币的唯一方法就是复制其开源代码进行扩展,即所谓的分叉币;随着以太坊的发展,引入了一套可以执行图灵完备脚本语言的虚拟机,并且引入智能合约的概念,区块链进入了2.0时代。在这个阶段,区块链的应用场景不再仅限于加密货币领域,而是扩展到了金融领域,如资产交易、数字公证、借贷、保险、证券等[153];自2017年起,业界涌现出了大量区块链3.0项目,试图从链上和链下结合的设计来构建基础设施、平台、工具及去中心化应用,推动该技术应用于物联网、供应链、医疗、通信、政府、农业、慈善、版权、能源等各行各业中[21,154]。

5.2 工程管理区块链架构设计

5.2.1 区块链逻辑架构

传统的区块链平台主要用于处理分布式账本录入信息,一般来说分为三层,分别是用户层、交互层和存储层，如图 5.2-1 所示。

图 5.2-1　传统区块链架构

用户层面包括终端、网页等收集用户数据的工具，服务层和共识系统层则负责处理数据，形成共识，底层的存储层负责存储链表以及按照时间段生成区块链的 digest 数据等。

与传统区块链类似，工程管理区块链主要有 6 层，分别由数据收集层，数据处理层、交易抽象层、共识算法层、链操作和链存储层构成（图 5.2-2）。

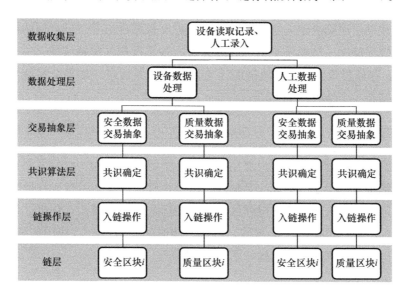

图 5.2-2　工程管理区块链架构

顶层的数据收集层，负责维护数据收集设备，例如 IoT 设备，个人电脑终端等，这个层次主要包括用户使用 GUI、CLI 等面向客户的接口，主要负责数据收集工作。在数据收集层下方的是数据处理层，负责将原始数据模板化成为可供系统处理的数据模式，例如表格和面向对象类等。交易抽象层负责将模板化的数据转换成可以理解的元交易信息。元交易是项目管理中信息传递的最小单位，一个元交易包括交易发起方、接受方、交易时间、交易信息、返回信息、限制条件和交易元数据例如项目信息等。元交易的结构如图 5.2-3 所示。

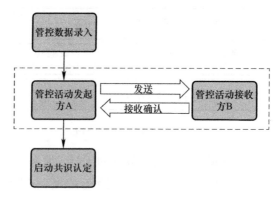

图 5.2-3　元交易结构

模式化数据在交易抽象层被细化成一个元交易，然后交易发送至共识层，共识层利用共识算法进行项目层面和数据层面的共识认定，项目层面的认定决定是否入链，数据层面则决定入链的先后顺序，防止恶意攻击等。最下面两层则是链操作层和链存储层。链操作层负责对接链表的各类操作，包括读取、写入、生成 digest 等。存储层负责存储区块链的区块信息和世界信息（如果交易信息和世界信息不存储在一个地方）等。

5.2.2　区块设计

工程管理区块链与一般区块链一样，是一个链表的结构，每个区块存储前一个区块的哈希值，用于链接成一个整体，以防止针对数据的篡改。在链表的头有一个创世区块，该区块不指向前列区块，作为区块链表的源头，创世区块存储区块链本身的信息，包括区块链名称、链的启用时间和所有人、使用的共识算法、数据存储地址等。区块链的结构如图 5.2-4 所示。

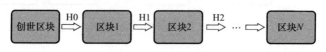

图 5.2-4　区块链结构

单一区块中包含了原始交易数据、第一层和第二层的 Merkle 树，本区块的哈希值以及前置的区块哈希值。需要注意的是本区块的哈希值由元交易的信息和交易数据共同通过双层 Merkle 树算法得出（图 5.2-5）。

具体的区块生成算法会在 5.3 中的区块生成技术中详细介绍。元交易数据是

JSON 格式，存储了交易的两类信息，分别是交易元数据和交易数据，交易元数据是交易本身的数据，包括交易时间、项目名称、项目类型、文件类型、交易参与方等。

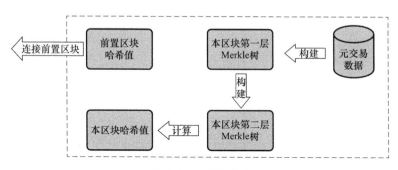

图 5.2-5　区块构成

5.2.3　单链区块结构

工程管理区块链采用了单链区块结构，和其他区块链结构相同，工程管理区块链中区块存储了交易命令和交易变量以及上一段区块的前置哈希值，另外在数据库中存储了世界状态相关信息，即工程质量和安全检测的报告、图片、音视频文件等。图 5.2-6 显示了工程管理区块链交易及世界状态。

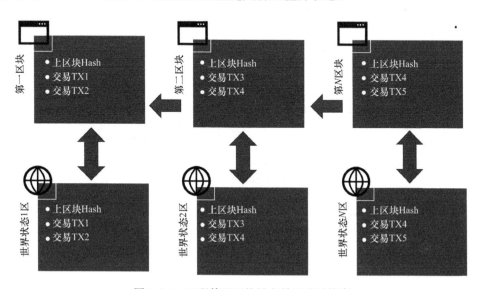

图 5.2-6　工程管理区块链交易及世界状态

在操作时，交易细节存储在区块链的区块中，交易对象的数据存储在世界状态区中。在更新时，与新区块链的交易信息同时读取世界状态区，获得返回数据。区块链中各区块存储在计算机的文件系统中，而对应的世界状态、Key 值、区块的索引和偏移量等元数据则存储在 Level DB 中，如图 5.2-7 所示。

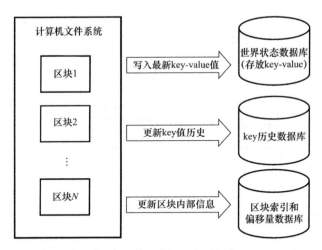

图 5.2-7　交易更新的数据存储

5.2.4　跨链区块实现结构

跨链区块用于质量链和安全链的通信，其实现主要由链分区、跨链路由、适配器和资源四部分组成，其架构如图 5.2-8 所示。

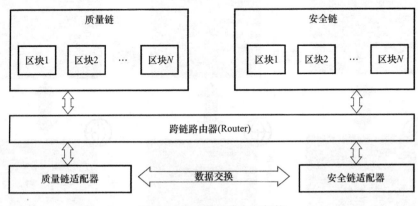

图 5.2-8　跨链区块实现架构

跨链分区：指的运行同一类业务的区块链集合，例如图 5.2-8 中的质量链和安全链。跨链技术可以在每个集合内部区块链资源上进行命名和寻址。例如质量链上部署一个资产（如钢筋检测报告），当安全链需要借鉴此资产时，跨链路由可以将质量链区和安全链区连接，相互转发信息。

跨链路由：指用于桥接不同链分区与业务系统的服务进程。用户可以通过向跨链路由发起请求来访问链分区中的资源。

链适配器：即连接一个区块链的接口实现，可由跨链路由器加载。同时一个跨链路由器可以加载多个链适配器，实现与多个链通信的能力，并帮助用户寻址其他区块链上的资源信息。

资源：即区块链上的数字资产和合约等可供用户访问的对象。区块和区块链的元信息、适配器信息也在跨链路由器中同步。

5.2.5 交互流程

工程管理区块链交互流程发生在项目参与各核心企业的区块链节点上，信息流从使用客户发布到各个节点后、经过处理返回客户手中，图5.2-9表达了经典的业主、施工、设计三方基于质量区块链平台进行竣工验收的交互流程。

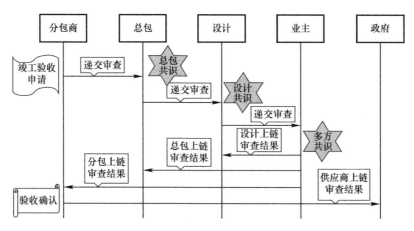

图 5.2-9　竣工验收交互流程

在数据交互的过程中，项目参与各方会分级别对递交的质量审查申请进行共识和确认，在得到上级确认后写入区块链中，需要注意的是所有参与者共同写入同一区块链中。由于区块链是按照时间先后顺利排列的，因此保证了项目各参与方共识期间的顺序，从分包商上传质量审核文件后，总包形成共识，通过签名确认申请的真实性，同时通过分布式算法保障数据先后顺序（见数据共识），然后审批后递交设计方审核，最后在业主方达成多方共识后上链，更改世界状态，此时各分包和总包还有设计等单位接收到竣工验收确认信息，如有需要，发送至供应商和政府部门等登记备案。

5.3 工程管理区块链核心技术

5.3.1 区块生成技术

与比特币系统通过多方共识生成区块的技术不同，工程管理区块的生成主要通过系统对于每个区块可容纳的交易数量进行判断，当区块满员时，系统管理员生成新区块。对于每一条存储在区块中的信息，都通过双层 Merkle 树算法进行区块的哈希值计算，图 5.3-1 罗列了工程管理四类区块链的区块大小与所存储的数据的关系。

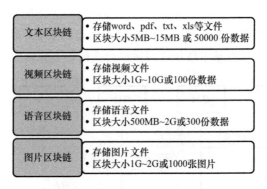

图 5.3-1　工程管理四类区块链

文本区块链：主要存储文本信息，包括审批文件、质量报告、供应链文件等；
视频区块链：主要存储视频信息，包括施工和监理视频等；
语音区块链：主要存储工程项目各类会议录音等文件；
图片区块链：主要存储质量和安全检查活动中所拍摄的图片文件。
在元交易通过共识后，其哈希计算流程如下：

(1) 计算首层 Merkle 树结构，其中抓取原交易信息作为根节点，然后两两计算得到 Merkle 树根节点哈希值，如图 5.3-2 所示，该哈希值作为本交易的哈希锁定，进入下一层 Merkle 树结构。

(2) 区块利用所有交易产生的哈希值构建第二层 Merkle 树，同时按照两个交易为一组，计算哈希，最后得到第二层 Merkle 树的根节点哈希值，作为该区块的哈希值，如图 5.3-3 所示。

5.3.2 共识机制

区块链系统应用去中心化账本（Distributed Ledger Technology）作为底层技

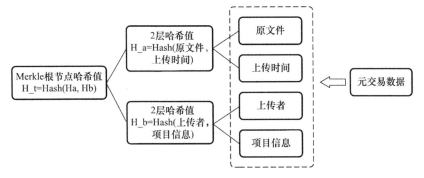

图 5.3-2 Merkle 树根节点哈希值计算过程

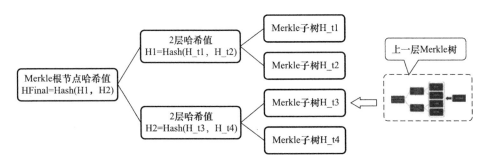

图 5.3-3 第二层 Merkle 树根节点哈希值计算过程

术实现其链条的管理。作为一个去中心化的系统，区块链系统没有一个中心化的可信任第三方。因此，需要一套体系，能够让各个节点协调运作，保证数据传输过程中的一致性和正确性，进而准确地共同管理区块链中的数据，这种体系就是共识机制。在区块链网络中，依据各类应用场景，主要有以下几类共识机制：工作量证明机制（Proof of Work）、权益证明机制（Proof of Stake）、委托权益证明（Delegated Proof of Stake）实用拜占庭共识机制（PBFT）、Raft 算法等[155]。

按应用场景分，共识算法可以分成两大类：

（1）有坏人节点：典型拜占庭问题，即系统中可能出现故意传送假结果的节点导致分布式系统结果错误，这种场景的重点在于当存在坏人的情况下能达成大家认可的一致结果。其中 BFT、PBFT、PoW、PoS 都属于此类。

（2）无坏人节点：此类分布式共识算法，只需要保证各节点行动一致，并在部分节点 Down 后能继续工作，一般在封闭式的分布系统使用，其中有 Raft、Paxos。

对几种常见共识算法，都有类似的思路，就是一个组长（Primary）带着 N 个成员（Backup）干活，由组长派活收集各节点的状态，再确定结果是否一致，类似分布式事务的二段提交。共识算法主要解决以下几个关键问题：①系统如何判断达成一致？②组长 Down 了或部分节点 Down 了怎样保持系统可用性？③出现分叉了怎样处理两边的结果？用不同算法解决这几个问题的思路不一样。

以下介绍解决上述问题的几种算法：

1）PoW（Proof of Work，或工作量证明）

工作量证明共识可简单理解为一份证明，证明你做过一定量的工作。通过查看工作结果，就能知道你完成了指定量的工作。区块链共识算法用得最多的就是PoW。比特币和以太坊都是基于PoW的共识机制。例如比特币在区块的生成过程中使用的就是PoW机制，简单理解就是大家共同争夺记账权利，谁先抢到并正确完成记账工作，谁就得到系统的奖励，奖励为比特币，也就是所谓的"挖矿"。矿工（参与挖矿的人）通过计算机的算力去完成这个记账工作，这个拥有计算能力的专业计算机就是所谓的"矿机"。

工作量证明机制主要有三个要素，分别是工作量证明函数、区块头组建以及难度值。工作量证明函数是SHA256，是一种密码哈希函数家族中输出值为256位的哈希算法。区块头组建是矿工通过自身的交易结合链上其他交易创建用于工作量证明的输入参数的过程。区块头主要通过随机数、上个区块Hash值、Merkle根值、难度值、时间戳以及版本号等共同计算决定，难度值则是由网络以及区块生成速度决定。例如过去5000个区块所用的时间为t，那么新的难度值与旧难度值的关系为：新难度值＝旧难度值×5000/t。难度值作为工作量算法的输入，与其他参数共同计算目标值。目标值作为工作量证明算法的最终输出，用于和网络目标值比较，从而确定矿工是否完成工作量证明，网络目标值等于最大目标值除以难度值，最大目标值为一个固定数。假设我们希望每10分钟产生一个区块，那么若过去5000个区块花费时长少于50000分钟，目标值将会被调大些，反之，目标值会被调小，通过改变目标值从而对比特币的难度和出块速度进行调整。

具体来说，工作量证明有以下几个步骤：首先，矿工通过收集交易信息，并且与其他所有即将打包的交易一起，通过Merkle树结构计算Merkle根哈希值；其次，通过步骤1中的根哈希值，结合自身产生的随机数、上个区块的哈希值、难度值、时间戳以及版本号，得到区块头；最后，计算目标值＝SHA256［SHA256（区块头）］，把计算的目标值与网络目标值对比，小于网络目标值，则表示工作量证明完成，否则变更随机数继续计算直到目标值小于网络目标值[156]。

其主要流程如图5.3-4所示。

有了工作量证明算法，网络中各个节点便可以参与认证新增交易的合法性。其新增区块的共识流程如下：

（1）首先，节点产生新的交易并向所有其他节点广播；

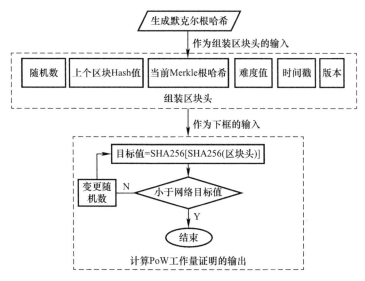

图 5.3-4 工作量证明机制主要流程

(2) 所有其他节点接收交易信息,并开始工作量证明计算;

(3) 当某个节点找到证明,即接受交易,并向其他节点广播证明;

(4) 只有该区块在链中未存在,其他节点才接受交易并将区块加入区块链末尾。

工作量证明的优势在于其完全的去中心化特性。其工作节点可以自由地加入和退出区块链网络,从而避免了建立和维护中心化信用机构所需的高成本。其主要缺点在于有51%算力攻击的缺陷,即只要破坏者拥有了51%的算力,便可以通过技术手段让交易状态达成一致,并且篡改历史记录。同时其结算周期长,挖矿过程中资源浪费严重。

2) PoS(Proof of Stake,或工作权益证明)

和工作量证明共识不一样,工作权益证明主要通过比较各个节点所拥有的权益来决定谁有更大的话语权。这种方式避免了工作量证明中需要挖矿的步骤,节约了资源也提高了共识效率。工作权益证明的核心在于权益的计算和分配,例如以太坊(ETH)采用的"币龄"机制,通过计算一个节点所拥有的币龄来确定其在整个区块链网络里的话语权。

币龄为每个币每存储一天生成的数字,例如 A 节点拥有 2000 个币/天,则 A 便拥有 2000 币龄。在共识中,节点需要使用币龄进行投资,在节点候选成功后(即成为候选人并广播),其币龄会被清零,节点每被清零一定数量的币龄,系统会为节点提供相应的利息。例如,节点 A 持有 1000 个币,总共持有了 30 天,其币龄为 30000,这个时候,如果 A 通过共识让区块链中加入了一个 PoS 区块,A 节

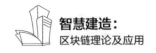

点的币龄则会被清空为0。每被清空365币龄，A将会从区块中获得0.05个币的利息，此时，A所获得的利息＝30000×5%/365＝4.1个币。权益证明的主要流程如下：

（1）愿意争取成为出块候选节点的节点将其币抵押给网络并参与选举；

（2）共识算法按照各节点的抵押数量，并按照概率选择候选出块节点，一般来说候选节点抵押的币越多，越有可能胜出；

（3）得到胜出节点，该节点完成打包交易，生成新区块，广播新区块；

（4）其他节点验证区块（其验证算法将会非常快）；

（5）区块加入链中。

可以看出，与PoW算法通过工作量生成新区块的原理不同，PoS算法通过节点所拥有的抵押币多少来生成新的区块。虽然解决了PoW中资源浪费的问题，却使得链中强者恒强，谁的抵押越多，越有可能胜出并获得更多的币。

3）DPoS（Delegated PoS，即委托工作权益证明）

与传统的PoS算法不同，DPoS采用了代理人（Delegate）的概念，在PoS区块链网络中，所有区块均可以抵押自己的币并且参与到选举中，而在DPOS算法内，区块链项目参与者发起投票，确定受托人个数，一般来说是101个受托人，每个受托人负责维护一个节点（即矿机，可以挖矿也可以获得区块奖励和手续费），被选举出来的每个受托人，均可以使用自己的节点生产区块，在网络中其他节点验证后将区块加入链中。其流程如下：

（1）区块链项目参与者选出候选节点；

（2）各个代理节点收集网络中的交易；

（3）依次地，各个代理节点验证交易并打包区块；

（4）依次地，各个代理节点广播区块，网络中的其他节点验证区块，并将其加入自己维护的复制链中；

（5）候选节点继续收集网络交易并维护区块链发展。

需要注意的是，每个持币用户都可以参与到投票中，在选举出候选节点的过程中，任何持币用户都可以随时投票、撤票，并且用户票的权重与其持有币的数量成正比，在一轮投票结束后，按照事先定义的候选节点个数，权重票数最高的N个人成为代理，负责维护候选节点服务器，用于搜集交易、打包区块、验证区块、广播区块。

4）PBFT（Practical Byzantine Fault Tolerance，实用拜占庭共识）

实用拜占庭共识算法是经典的主节点（又称Main节点）带领所有分节点（又称Backup节点）共同进行接收请求→预准备请求→准备请求→请求录入→回

复五个阶段的共识操作的流程（图 5.3-5）。实用拜占庭算法的主要流程为：

（1）客户端节点发送请求到链中。

（2）链中领导节点接受信息，并将信息编号，并广播至所有分节点（预准备阶段）。

（3）所有分节点验证主节点信息，并将信息编号连同自身节点号签名组成准备信息，继续向其他节点广播，表示本节点认可该请求，此信息表示该节点准备就绪（准备阶段）。

（4）此时，所有节点检查其他节点发送的准备就绪信息无误。若准备就绪信息超过网络所有节点数量的三分之二，则认为系统达成一致认可请求和请求编号，并且表示系统就绪，开始录入工作。此时所有节点包括主节点向网络中其他节点广播录入信息。

（5）此时所有节点检查收到的录入信息是否正确，如果录入信息超过所有节点的三分之二则完成请求，向客户端发送完成请求信息。

（6）客户端依据是否受到超过三分之二个节点的录入信息来判断系统是否完成请求。

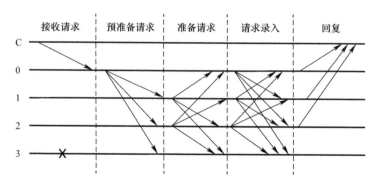

图 5.3-5　PBFT 算法主要流程[157]

实用拜占庭算法同时采用了 View Change 机制，解决了主节点不可用的情况下系统重新选择主节点（称为 View Change），并重新达成共识的过程。同时使用了 Checkpoint 机制，通过系统对日志定期创建 Checkpoint，并对所有节点广播 Checkpoint，当所有节点收到 Checkpoint 创建消息大于三分之二节点数则认为 Checkpoint 合法。在 View Change 时需要将 Checkpoint 之后所有事物回滚重作。

以上我们大致介绍了 4 种经典的区块链共识机制。工程管理区块链作为区块链技术的衍生，也拥有自己的共识机制，基于工程管理行业信息交换的特点，工程管理区块链的共识机制（PMC Consensus）是基于项目特点和参与方的共识算法模式,称为项目共识(Project Based Consensus)。其架构按照共识功能主要有两层:第一层是基于项目流程的投票模式(Voting),主要用于确定上链之前数据正确、真实、一致。第二层是数据共识(Data based Consensus),其主要作用是在底层确保上链数据的先后顺序以及各节点的读取。通过数据共识,可以在异步系统中保证每个节点主机在故障和网络拥堵的情况下,能够对状态进行复制和同步,从而保证系统的可靠性和稳定性。

在项目共识阶段,针对每一笔工程质量和安全管理元交易,项目参与者会针对交易的合理合法性进行项目层面的投票,以确定是否入链。依据元交易的类型、发生时间、与项目的关系等因素,项目各参与方确定各自的投票权重并进行投票。之后,以各参与方的投票数乘以其相应的投票权重计算出最终权重值,并确定是否写入区块链。项目共识的具体流程(图5.3-6)如下:

(1) 项目参与方确定共识参与者;
(2) 各共识参与者确定各自权重;
(3) 共识参与者投票,系统计算最终权重值;
(4) 系统依据权重值判断得出是否入链的结果。

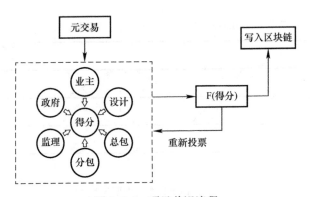

图5.3-6 项目共识流程

然而具体的项目管理流程中,元交易的数量众多,种类多样化,很多元交易只涉及项目某个参与组织或某些参与组织,甚至交易发生在一个组织内部,如果每次交易上链的过程都通过项目参与者进行投票的话,既耗时、费力又无意义。我们采用了分层次共识的方法,依照不同层次、不同类别的元交易,在不同层面进行共识投票。图5.3-7揭示了分层共识投票的基本结构。

主要有三类共识:参与方共识,即项目参与各方确定的共识,是最高级别的共识层次。第二层,即分部门共识,主要是项目参与某些方面的共识,例如施工企业中,总包和分包之间的共识,业主和设计之间的共识等。最后一个层次是在

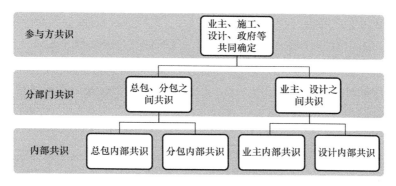

图 5.3-7　分层共识投票的基本结构

一个组织机构内部的共识，例如总包内部、分包内部、业主内部等。

如图 5.3-8 所示，按不同的元交易类型，可针对性地采用不同层次的共识模型。

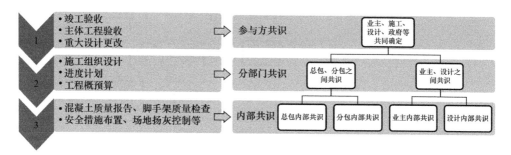

图 5.3-8　元交易类型及对应共识模型

例如竣工验收等重要的交易采取项目参与方共识。施工、进度和预算类分部门共识即足够。项目细节层面的交易，例如质量报告和安全措施布控等可以通过内部共识来实现。

在数据共识方面，PMC 主要采取基于 Kafka 的共识模式，其共识方式为联盟链中超级账本所采用的经典共识。Kafka 是一个具有水平伸缩和崩溃处理能力的分布式日志管理系统，PMC 使用 Zookeeper 对于链中各个 Kafka 节点进行同步管理。

在 PMC 中每一条链都有一个对应的 Kafka 分区和分区主题，系统中的排序节点将不同链的交易通过 RPC 发送到对应的分区中进行排序，排序节点也可以读取不同链的 Kafka 分区并获得所有排序节点达成一致的交易列表。每个排序节点维护一个链的本地日志，所有排序节点都维护有本地日志。当交易达到区块确定最大数值时，生成新的区块并通过 RPC 分发到各客户端，当发生链崩溃时可以利用不同排序节点重构区块。

图 5.3-9 演示了 TX Foo、TX Bar 和 TX Baz 等三个交易是如何通过 Kafka 集

群排序并交付客户端的。

首先，图中有三个排序节点，分别为 OSN0、OSN1 和 OSN2，客户通过 OSN0 和 OSN2 中继交易 TX Bar 和 TX Baz 到 Kafka 集群节点，然后通过排序，当 OSN1 读取时，可以看到 TX Foo、TX Bar 和 TX Baz 处于第四区块中，其偏移量分别为 5、4、3。

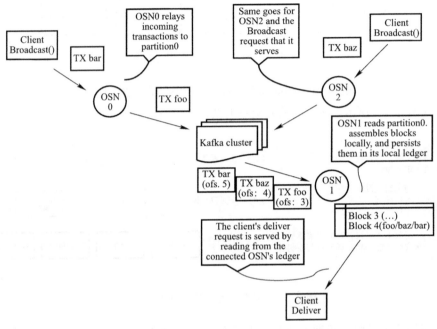

图 5.3-9　交易通过 Kafka 集群排序并交付客户端[158]

5.3.3　证书管理与加密

工程管理区块链采用证书信任链（CA chain）和非对称加密（Asymmetric Encryption）来保障数据的安全和真实性。为了更好地理解，首先需要介绍公钥基础设施（Public Key Infrastructure，PKI）。PKI 是一种遵循标准的技术和规范，利用公钥加密技术为电子商务提供安全基础平台。在 PKI 中，有一个权威机构称为证书授权机构（Certificate Authority，CA），负责向用户（包括服务提供者和使用者）提供数字证书。这些数字证书包括公钥和私钥。同时，CA 机构还需要提供一个证书吊销列表（Certificate Revocation List，CRL），用于标记已被撤销的证书[159]，如图 5.3-10 所示。

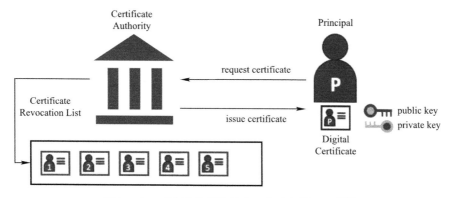

图 5.3-10　CA 机构颁发数字证书及提供 CRL[160]

PKI 有三个关键点，分别是：数字证书（Digital Certificate），公钥和私钥（Public Key，Private Key）以及证书信任链。

数字证书是 CA 颁发给个人和企业用户的用于进行个人验证，也就是向服务器端认证自己是本人的证书文件，就像我们的身份证一样，每个 App 或者 App 的所有者，当他们需要使用资源时，都会向 CA 申请一个证书，用证书进行登录认证，这也是区块链系统确保使用者是本人的第一步。数字证书遵循 X509 标准，其中 Subject 属性里就含有其所有者的信息，比如包括国家 C＝CN、所属的省份、自治区或者直辖市 ST＝Beijing、所在城市 L＝Beijing、所属单位 O＝China Construction First Group Corporation Limited、其他信息 OU＝Construction、公用信息 CN＝ABC/UID＝123456 等。同时为了数据安全，CA 颁发了两种 Key，分别是公钥和私钥，其中私钥只有服务提供者保存，公钥是所有服务使用者保存。所谓非对称加密，就是公钥加密的消息仅私钥可以解密；同理，私钥加密的消息，仅公钥可以解密。对应于前者，可以实现客户端访问服务器时加密消息，例如访问安全级别高的页面时提交的表单信息都需要用公钥加密，确保只有服务器才能解密网络报文。对应于后者，则可实现签名功能。

比如，若私钥持有人签名了一份文档，那么所有公钥持有人可以用自己的公钥解密来确认签名者就是私钥持有人本人，同时确保来自私钥持有人的消息未被篡改。

在工程管理区块链中，我们采用两种加密方式（图 5.3-11），即：

（1）小文件的直接密钥加密法：对于小文件，我们直接通过私钥加密，推送到区块链中，所有其他参与方通过公钥确定消息的准确性。

（2）大文件的哈希密钥加密法：对于大文件，我们用 SHA256 算法计算文件哈希值，然后对文件哈希进行签名加密，推送到区块链中，所有其他参与方通过公钥确定消息的准确性。

对于证书信任链，我们采取三层方式，把 CA 分为根证书（Root CA），中间节点证书（Intermediate CA）和叶子证书（Leaf CA），其中根证书被所有 CA 信任，叶子证书和中间节点证书互相之间信任，但不信任自己下层的 CA。证书信任链的信任层次如图 5.3-12 所示。

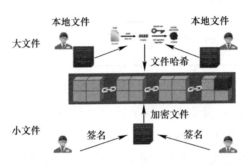

图 5.3-11　工程管理区块链文件加密[158]

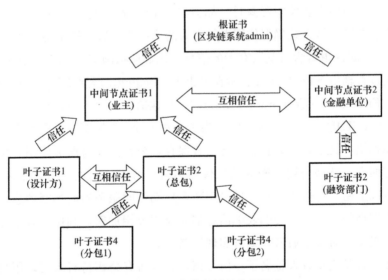

图 5.3-12　证书信任链的信任层次

5.4　工程管理区块链应用

5.4.1　工程质量管理区块链应用简介——混凝土质量检测

传统工程质量流程主要依赖人力，存在执行不到位、不及时，容易出差错等问题，同时取样期间可以通过非法手段损毁样品，导致虚假的质量检测结果。预拌混凝土传统的检测流程为：收集原材料拌和→铸造试件→对试件进行测试→浇筑→实体检测。这一流程完全基于人工操作。其中试件的质量真实性、试验工作的条件、程序正确性和及时性，以及在整个流程中信息的准确性和真实性，均存在隐患。例如混凝土原材料采购过程中没有技术保证其材料质量，试件和取样的真实性也无法保证。

因此，借助区块链和信息化技术，可以从采购环节开始追踪混凝土原材料的来源。同时，通过上传和定位试块信息，实现试块质检和责任追溯，能够有效地保证预拌混凝土质量检测的真实性和完整性。如图 5.4-1 所示，我们将混凝土从预拌到最终试验整个流程中的所有信息上链处理。在每一步都实现 Checkpoint 检查，确保所有参与方形成共识，接收区块链上记录的状态，不但可以全过程追踪质量流程，保证预拌混凝土质量监控正确地展开，同时通过将信息上链，做到可追溯、不可篡改，能够最大限度地确保质量检测过程中参与各方对信息准确性和真实性的认可，从而降低纷争的发生。

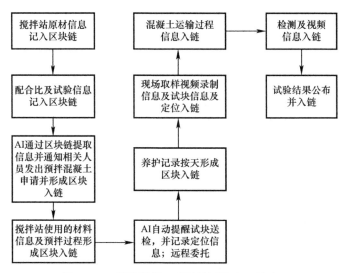

图 5.4-1　预拌混凝土质量检测信息上链流程

5.4.2　工程安全管理区块链应用简介——危大工程安全管控

在工程安全管理方面，可以看到传统的业务流程非常繁琐复杂，通过编写方案、多层审批、加章、开会讨论意见、方案交底、现场实施和监督检查等流程中，信息存在不透明、传输效率低下、多方协作情况下信息无法同时被所有人获得等问题。由于时效性低下，导致方案针对性不强（方案与施工现场不符）、交底不及时、审批不严格等问题。

通过区块链技术，可以实现所有方案电子化上链封存，对于所有版本的方案都可追溯、可查询，并且对于技术交底和方案交底结果上链，让参与各方均能够实时查询。对于需要整改的方面，可以通过在现场检查记录后将信息上链，并向相关责任人发出通知；责任人整改后将整改结果发回审批并上链，可以做到在安全管控过程中对于所有细小信息的存储、封装、上链，做到管控中每一步均可查询、利益相关者均可追溯（图 5.4-2）。

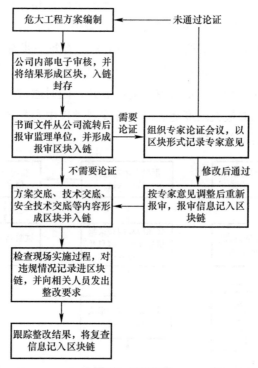

图 5.4-2 危大工程安全管理信息上链流程

5.5 本章小结

本章介绍了区块链平台的技术原理及应用情况，并依此提出了工程管理区块链架构设计。在此基础上，进一步构建了工程管理区块链核心技术体系，详细说明了区块链生成技术和共识机制的主要流程。此外，本章还通过介绍区块链技术在混凝土质量检测和危大工程安全管控中的应用情况，展示了基于区块链平台的业务流程图，在技术层面对工程管理区块链的应用进行了探讨。

第6章

工程项目区块链系统开发与应用案例

本章节将以中国建筑一局（集团）有限公司的区块链项目为例，介绍工程项目区块链系统的开发过程与应用情况。该项目分为四个模块，现场安全基础管理模块、危大工程安全管理模块、安全和质量重要资料管理模块和预拌混凝土质量管控模块。

6.1 开发过程

6.1.1 需求分析

以实际项目的安全与质量管控为示范对象，对基于区块链的工程项目安全与质量管控基础理论和关键技术进行应用示范，设计示范方案和实施路径。选择工程项目安全和质量管控重点内容进行应用示范，开发基于实际工程项目的安全与质量管控区块链系统，分析技术可行性并提出应用建议。同时，预测未来系统应用可能遇到的障碍，给出改进路径和保障措施。在应用示范的基础上，提出工程项目安全与质量区块链技术创新与应用指南，积极开展区块链技术在工程建设领域应用的人才培训，推动区块链技术在工程建设领域的广泛应用。

6.1.2 沟通调研分析

（1）为了实现基于视频监控的人工智能（AI）系统的功能，项目配置了30余个视频监控点，并且在项目现场设置了数据应用中心，如图6.1-1～图6.1-3所示。将视频监控数据接入数据应用中心，可以全面监控项目各位置的施工活动，为课题的实施提供硬件条件。

（2）为了落实人工智能现场训练的过程，项目与AI团队密切配合，探讨了AI训练方案，提供了现场土方覆盖视频、混凝土罐车加水训练视频、现场脏乱和整改训练视频等素材。以上相关视频的导出过程见图6.1-4。

① 项目现场施工作业人员不安全行为的识别是利用AI人工智能识别技术并

图 6.1-1　施工现场数据应用中心设计方案

图 6.1-2　现场扩音器和摄像头配置

图 6.1-3　数据应用中心实景

第 6 章
工程项目区块链系统开发与应用案例

图 6.1-4　现场视频素材批量导出过程

通过集成现场监控设备进行机器深度学习算法来完成的。在本课题中，项目团队对市面已有的成熟算法不再进行二次重复开发，而是集成项目已有智慧工地平台进行已有 AI 识别内容的上链管理。通过区块链平台直接调用智慧工地平台 AI 接口，完成安全帽佩戴图像识别、工服穿戴图像识别、施工边界入侵图像识别、现场明火突发图像识别、陌生车辆图像识别等五个部分内容的上链管理，如图 6.1-5 所示。

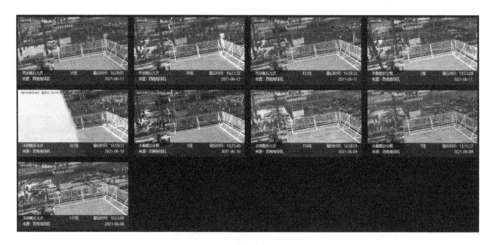

图 6.1-5　已有 AI 识别模块内容集成成果展示

② 项目团队还需要针对土方覆盖图像识别、现场乱堆乱放图像识别等部分内容进行算法研发。鉴于市面上基本没有现成的 AI 识别算法可用，项目团队采用了 AI 人工智能识别技术，并结合项目提供的各部分素材，通过机器深度学习的方式，自主完成了这些内容的自动识别功能。之后，将这些数据供区块链平台进行数据调用。该步骤的技术架构如图 6.1-6 所示。

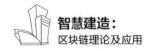

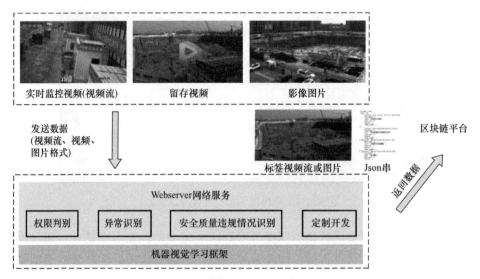

图 6.1-6 监控图像识别整体技术架构

下面将分别以土方覆盖图像识别和现场乱堆乱放图像识别为例,介绍项目团队的算法研发过程。

土方覆盖图像识别:项目团队首先利用深度学习技术判别需要进行土方覆盖检测的视频数据,然后利用土方和覆盖物的颜色识别进行整体算法研究。具体的技术路线如图 6.1-7 所示。

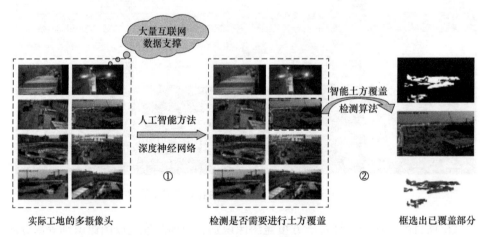

图 6.1-7 土方覆盖图像识别技术路线

土方覆盖图像识别技术路线在实际中会有许多监控摄像头,其中部分摄像头指向基坑,而需要进行土方覆盖检测的即为这部分视频数据。针对多机位的视频数据,项目团队首先利用深度学习技术进行判别,确定当前视频数据是否需要进行土方覆盖检测。在这个过程中，采用了深度图像识别网络 ResNet。ResNet 是一种常用的深度识别算法，通过多层卷积与跨层级联实现层次化的图像特征提取，最终获取紧凑的图像特征，并被用于图像识别工作。

为了确定需要进行土方覆盖检测的视频数据，首先需要对视频数据进行关键帧提取，从中获取需要进行土方覆盖检测的帧图像。然后，对帧图像进行处理，将原始 RGB 图像转换为 HSV 颜色空间图像，得到更加具有颜色区分度的图像。紧接着，对覆盖区域与泥土区域进行提取，利用覆盖区域和泥土区域色域的不同，可以识别两部分的区域。然后通过轮廓提取，可以确定两个区域的范围。如图 6.1-8 所示，白色框为覆盖部分所占区域，其中黑色轮廓区域为覆盖部分。

图 6.1-8　土方覆盖图像识别成果展示

在实际操作中，可以在平台系统中对现场土方覆盖区域进行识别。选择对应的识别图片进行上传，AI 会自动加载识别图片，并返回识别结果图片和识别内容。在填充对应数据项并完成点击上链的操作后，系统会显示上传成功，并会根据配置弹出对应的内容，如施工现场土方覆盖的区域。系统会显示 AI 识别前图片和 AI 识别后图片信息，方便管理员进行操作。

现场乱堆乱放图像识别：主要是利用机器深度学习，通过比对现场钢筋或模板、木方等材料的乱堆乱放和整齐码放两种场景进行整体算法研究。具体的技术路线如图 6.1-9 所示。

乱堆乱放的检测采用了一种基于深度学习的弱监督检测算法。首先，收集得到大量的乱堆乱放数据以及摆放良好的图片数据，在这些数据的基础上，可以通过深度学习的方法得到一个分类器。利用 ResNet 深度学习算法作为基本框架，在分类网络中加入自身注意力机制（self-attention）后，就可以通过在网络特征图中对分类结果的响应大小来判别出杂乱的区域。

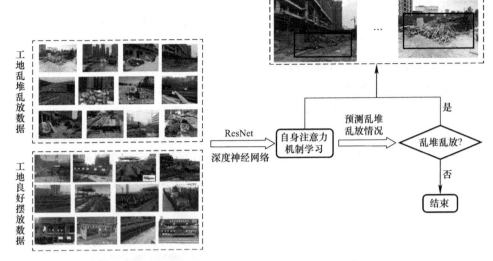

图 6.1-9 现场乱堆乱放图像识别技术路线

首先，ResNet 将图像映射到特征空间，然后在特征空间利用自身注意力机制计算得到特征图中对分类结果的响应的大小，最后得出分类结果。然后，提取出网络中的响应大小，最后框选出乱堆乱放的区域，如图 6.1-10 所示。

图 6.1-10 现场乱堆乱放图像识别成果展示

（3）开发 EPAM 基于区块链的工程专业化分析软件。

EPAM 软件的开发需通过设计 PC 端来实现。该软件作为独立存在的模块，可为其他程序提供调用接口，实现分析功能。其具体功能是对已收集的工程信息进行专业化分析，给出评价意见，用于指导相关信息管理系统的后续工作。以下是该软件开发的具体步骤：

① 建立可配置检查和索引功能。

a. 根据配置建立文件关联性，自动寻找相关联的文件。

b. 利用人工智能技术对文件、图片进行自动识别，拾取其数据结构。其中，数据结构应符合公司内部管理对于统一数据格式的要求。

② 根据配置检查和索引功能对安全、质量、技术、施工等文件进行关联性检查。

a. 对质量文件，如：检验批、隐蔽资料、试验单、报验单、质量整改单等资料的内容建立数据结构，用于检查相应信息的关联性和准确性。

b. 对安全文件，如：设备记录、安全检查记录、安全整改单等资料内容建立数据结构，用于检查相应信息的关联性和准确性。

c. 对技术文件，如：交底记录、方案、变更等文件的内容建立数据结构，检查其关联性和准确性。

d. 对现场施工文件，如：施工日记、物资进场记录等文件建立数据结构，检查其关联性和准确性。

e. 比较各个文件之间的时间关系是否正确。

③ 通过关联性分析和专业性分析给出分析结论

通过对各个文件之间的关联性进行分析，找出不符合要求的失效关联，确保文件之间的相互索引准确。

6.1.3 软件架构设计

项目团队研究区块链技术，通过感知层、数据资源层、应用支撑层、应用层、展示层进行工程建设领域应用的整体架构设计。

系统平台架构如图 6.1-11 所示，系统业务流程如图 6.1-12 所示。

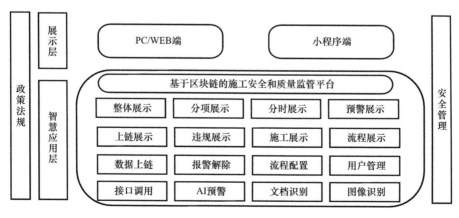

图 6.1-11 系统平台架构图（一）

智慧建造：
区块链理论及应用

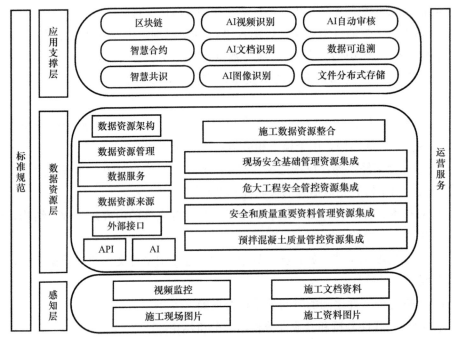

图 6.1-11 系统平台架构图（二）

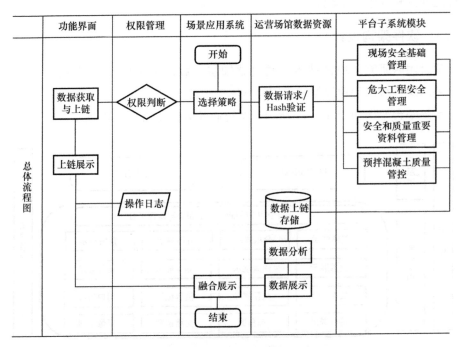

图 6.1-12 系统业务流程图

系统数据架构如图 6.1-13 所示。

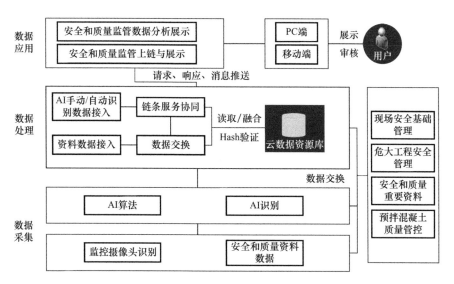

图 6.1-13　系统数据架构图

该区块链架构充分考虑了区块链技术与 BIM、物联网、云计算、人工智能等技术的融合创新，并进行了集成应用研究。这样的架构可以提高工程建设阶段的管理水平，降低成本，提高效率。同时，将工程建设过程中的安全、质量、合同、进度、成本及支付监控等职能集成到应用框架内，实现以项目管理职能为主线的多要素集成化管理；基于区块链所具备的信息可溯源、数据不可篡改、智能合约、去中心化等特性，该架构可以实现更加高效、精确和可信的工程建设过程管理。

构建现场安全基础管理情景库，通过在系统中内置现场安全流程模式，通过区块链智能合约形式设定流程，当 AI 调用识别信息数据通过加密形式传回后会自动按照合约约定流程执行，并触发相关配置项内容。整个过程数据传输加密，流程执行透明化、信息可溯源、数据不可篡改、智能合约、去中心化等。

6.2　数据流程

6.2.1　现场安全基础管理模块

施工现场图像采集仪器数据通过 AI 识别技术识别出监控区域内未戴安全帽、吸烟、临边防护缺失、夜晚安全保卫漏洞等相关安全问题封装后上传数据到安全链中。

方式一：安全链将警报数据与BIM定位画面推送给相关责任人，相关责任人关闭警报，同时将操作人员信息上传至安全链中，至此警报解除。

方式二：安全监控基于BIM定时识别警报区域的内安全问题，直至警报区域内的安全问题被整改，视频监控再次识别时如未发现安全隐患，安全警报解除，之后把从警报发生到解除时间段内的视频监控上传至安全链中。

具体到实际操作中，通过基于区块链的平台系统可以查看现场安全基础管理详细的数据展示内容和违规上链信息。在查看区块详情、输入详细上链信息后可以完成上链。除此之外，AI可以完成自动运行与识别，监测图像中有无人员未戴安全帽、现场乱堆乱放的情况。可以通过识别调用按钮手动筛选某日期时间段内的违规信息，当时间段内有违规记录时，将会回显照片。此时，可以根据AI识别捕获的内容自动填充数据，完成自动上链或手工上链。

此外，系统配置的AI亦可以识别音频。上传音频后，系统会调用AI自动识别语音内容，并转换为文本回显，这进一步提高了操作的便捷性和上链效率。如果历史上链信息中有相关文件，点击后将可直接播放。

对于已完成的违规信息，系统也会进行展示。操作人员可以查看已完成处理的违规信息。

该模块的具体流程如图6.2-1所示。

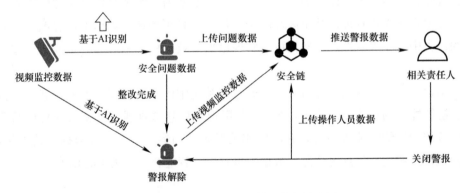

图6.2-1 现场安全基础管理数据流程图

6.2.2 危大工程安全管理模块

相关人员编制危大工程方案，上传到区块链平台中，形成电子化文档，再通过内部电子审核，将审核结果推送到监理单位，若需要专家论证，则将材料推送至专家，专家审核通过之后，形成电子化的方案交底，审核未通过则退回重新编制方案。若无需专家论证，则直接形成电子化的方案交底。电子交底指导安全检查，当发现安全问题，通知相关人员整改。

具体到实际操作中，相关人员可以通过编辑方案上传的步骤，查看相关上链信息进行数据上链。选择对应的安全文件，等文件上传后，将其他信息补充完整。其中，方案流程编号是动态加载"流程配置""危大流程总览"中的配置信息。步骤操作成功后会显示数据成功，进度待审核，等待专家审核。

专家审核即方案内部编制审核信息的过程。专家可以通过平台对内部需要审核的方案进行查看和审核。专家点击"确定"以确认数据通过内部审核。与专家审核的流程相似，方案监理单位也可以对监理需要审核的方案进行查看和审核。

此后，专家可以对需要论证的方案查看和审核，并编辑方案上传。系统会显示专家审核已经通过，审核进度也将显示审核通过，由此进入应用阶段。

对于现场违规的情况，相关人员可以对相关数据进行上链操作。同时，可以对现场需要整改的数据进行查看。

该模块的具体流程如图 6.2-2 所示。

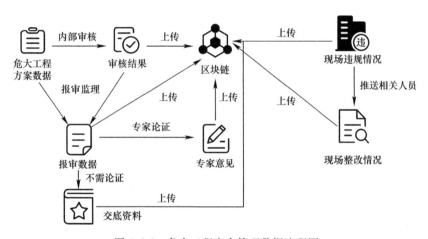

图 6.2-2 危大工程安全管理数据流程图

6.2.3 安全和质量重要资料管理模块

安全和质量重要资料管理分为以下三个步骤：①AI 自动识别相应信息，提高资料的专业性和及时性；②AI 根据区块链已有信息自动编制相应资料，提高专业性、效率和准确程度；③AI 和人工的双审核过程。从编制源头减少资料的错误，提高编制效率。

区块链加密算法确保资料信息不被篡改，检查资料仅需要记录最后一个区块的哈希值即可确保之前的链条不被修改，提高管理资料效率，倒逼项目提高过程管理能力。

在实际操作中，通过 EPAM 平台可以查看安全和质量重要资料管理相关展示分析数据和重要资料管理的相关上链信息。同时可以通过"新增配置"的功能填写项目相关信息进行相关展示和配置。比如，点击"单位工程"模块可以对单位工程的基础信息进行展示。之后，选择【流程配置】→【EPAM 流程配置】→【文件类型配置】，可以对工程文件的基础信息进行展示及配置。点击【安全和质量重要资料管理】→【EPAM 上链信息展示】则可以对工程文件的上链基础信息进行展示及配置。

该模块的具体流程如图 6.2-3 所示。

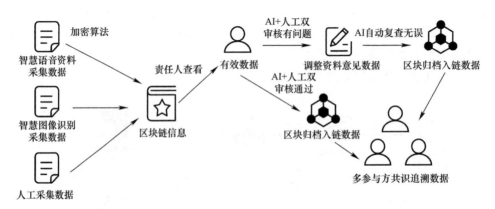

图 6.2-3 安全和质量重要资料管理数据流程图

6.2.4 预拌混凝土质量管控模块

从采购环节展开混凝土试块的质量检验和责任溯源应用，基于技术不可篡改等特性实现对预拌混凝土材料试块质量的综合管控。其中，材料信息包括第三方检测资料及材料存放部位。具体的步骤为：①AI 自动提出预拌申请；②AI 提示按试验要求进行远程委托，扫描相关内容形成电子委托单；③现场取样影像资料，芯片定位试块，保证见证取样的真实性。

在实际操作中，可以通过点击"数据展示"来查看混凝土试块相关信息。点击"上链信息展示"，即可查看试块区块数据信息、混凝土加水 AI 识别信息。

选择试块图片可以进行试块文件资料的上传，上传后 AI 会自动启动，去识别判断试块上显示的内容，转换为文本并显示出试块识别编号。AI 会自动查询区块链云数据库中是否存在相同编号的试块。如果不存在，则可正常输入信息上链。如果存在,则会自动调取原数据库中相同编号的试块图片,与本次上传的图片进行核对。如果是同一试块,则会自动回显,同时查验结果也会在【试块查验信息展示】表单中展示。在补充相关内容信息并完成上链操作后,可以看到刚才上传的试块,还有 AI 识别返回后的图片,以及对应的填充数据。通过比较系统中试块的基础信息与查验信息,可以对预拌混凝土的加水情况进行识别,从而做好质量管控。

该模块的具体流程如图 6.2-4 所示。

图 6.2-4 预拌混凝土质量管控数据流程图

6.3 结论与展望

中国建筑一局(集团)有限公司通过开发基于区块链的工程项目管理系统 EPAM 平台,成功地将传统的工程项目管理方式与新兴的区块链技术相结合,在安全管理和质量管控两大方面进行了优化。该平台通过区块链技术的不可篡改性和可追溯性,有效保障了工程信息的安全性和真实性,有助于提升工程项目管理的效率和准确度。同时,EPAM 平台能够实时监控工程进度和资源使用情况,帮助管理人员及时发现并解决问题,提高了项目的管理水平和整体效果。

中国建筑一局(集团)有限公司成功开发基于区块链的工程项目管理系统 EPAM 平台,已经取得了积极的成果。但我们同时看到,区块链技术在工程项目管理方面仍有改进的空间。目前,由于区块链技术在工程项目管理中的实际应用案例较少,区块链技术的安全性、稳定性和可扩展性等方面的优势需要在不断尝试中才能得到更好的应用。我们期待未来有更多的行业组织和相关公司探索区块

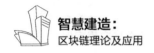

链技术在工程项目管理中的应用,扩大其应用范围,进一步完善相关的标准和规范,减少技术实践中的不确定性和风险,提升整个行业的管理水平和效率。随着区块链技术在工程项目管理中不断深入应用,我们相信这项技术将会成为未来工程项目管理的重要支撑,为提高行业效率、降低成本和推动行业发展提供有力的技术和方法支持。

6.4 本章小结

本章结合课题组的实际案例,展示了将区块链技术应用于工程项目管理的开发过程与具体情况,包括软件架构设计、模块介绍、数据流程、界面展示、操作步骤等,为区块链技术在工程项目中的实际应用提供了模式示范,为探索区块链赋能工程项目的路径提供了参考。

参考文献

[1] Nakamoto S. Bitcoin: A peer-to-peer electronic cash system, 2008, https://nakamotoinstitute.org//library/bitcoin/.

[2] Zyskind G, Nathan O. Decentralizing privacy: Using blockchain to protect personal data [C]//2015 IEEE security and privacy workshops. IEEE, 2015: 180-184.

[3] Xiong F, Xiao R, Ren W, et al. A key protection scheme based on secret sharing for blockchain-based construction supply chain system [J]. IEEE access, 2019, 7: 126773-126786.

[4] Lu Y. The blockchain: State-of-the-art and research challenges [J]. Journal of Industrial Information Integration, 2019, 15: 80-90.

[5] Singhal B, Dhameja G, Panda P S. Beginning Blockchain: A Beginner's guide to building Blockchain solutions [M]. New York: Apress, 2018.

[6] Zheng Z, Xie S, Dai H N, et al. Blockchain challenges and opportunities: A survey [J]. International journal of web and grid services, 2018, 14 (4): 352-375.

[7] 袁勇, 王飞跃. 区块链技术发展现状与展望 [J]. 自动化学报, 2016, 42 (4): 481-494.

[8] 于戈, 聂铁铮, 李晓华, 等. 区块链系统中的分布式数据管理技术——挑战与展望 [J]. 计算机学报, 2021, 44 (1): 28-54.

[9] 刘敖迪, 杜学绘, 王娜, 等. 区块链技术及其在信息安全领域的研究进展 [J]. 软件学报, 2018, 29 (7): 2092-2115.

[10] 王利朋, 关志, 李青山, 等. 区块链数据安全服务综述 [J]. 软件学报, 2021, 34 (1): 1-32.

[11] 央视: 区块链是第四次工业革命! 中国已走在世界前列. http://www.ciotimes.com/blockchain/144442.html.

[12] 联合国: 区块链技术能够在可持续发展中发挥重要作用-区块链加速发展. https://www.51cto.com/article/667373.html.

[13] Leible S, Schlager S, Schubotz M, et al. A review on blockchain technology and blockchain projects fostering open science [J]. Frontiers in Blockchain, 2019, 2: 486595.

[14] Zheng Q, Li Y, Chen P, et al. An innovative IPFS-based storage model for blockchain [C]//2018 IEEE/WIC/ACM international conference on web intelligence (WI). IEEE, 2018: 704-708.

[15] Kudva S, Badsha S, Sengupta S, et al. Towards secure and practical consensus for blockchain based VANET [J]. Information Sciences, 2021, 545: 170-187.

[16] 朱建明,张沁楠,高胜.区块链关键技术及其应用研究进展[J].太原理工大学学报,2020,51(3):321-330.

[17] duya 区块链.软件好,才是真的好:区块链的1976—2017[EB/OL].[2017-09-06].https://blog.csdn.net/dCtv1Y7qt8U/article/details/77988224.

[18] 密码学40年,重要历史与人物_网易订阅.https://www.163.com/dy/article/E06GK4E105384TQS.html.

[19] 碳链价值.密码学激荡40年:"比特币白皮书"之前的重要历史与人物.[EB/OL].[2018-11-03].http://www.coinvoice.cn/articles/4675.

[20] 新浪科技.OK 区块链60讲|第10集:区块链技术的诞生.[EB/OL].[2019-11-14].https://tech.sina.com.cn/i/2019-11-14/doc-iihnzhfy9116413.shtml.

[21] 冒志鸿,陈俊.区块链实战:从技术创新到商业模式[J].中国信息化,2020(8):109.

[22] 谈润青,齐鲁骏.数字货币之全球版图[J].金融博览(财富),2019(11):32-36.

[23] 靳毅.靳毅:数字货币30年.[EB/OL].[2019-10-28].http://finance.sina.com.cn/zl/china/2019-10-28/zl-iicezuev5382611.shtml.

[24] 新浪科技.OK 区块链60讲|第37集:比特币的亚夫:哈尔·芬尼.[EB/OL].[2020-07-02].https://tech.sina.com.cn/i/2020-07-02/doc-iircuyvk1536768.shtml?tj=none&tr=9.

[25] 项锐,郦全民.区块链信任系统的社会机制探究[J].系统科学学报,2023.

[26] 武岳,李军祥.区块链 P2P 网络协议演进过程[J].Application Research of Computers/Jisuanji Yingyong Yanjiu,2019,36(10).

[27] 张培培.加密货币的乌托邦理想[J].宁夏社会科学,2020(5):139-146.

[28] 覃浩华,李志.基于智能合约的数据跨境流动风险识别机制[J].中国人民警察大学学报,2022,38(6):31-37.

[29] 杨保华,陈昌.区块链原理、设计与应用[M].北京:机械工业出版社,2017.

[30] Swan M. Blockchain: Blueprint for a new economy [M]. O'Reilly Media, Inc., 2015.

[31] 唐文剑,吕雯.区块链将如何重新定义世界[M].北京:机械工业出版社,2016.

[32] 新浪科技.OK 区块链60讲|第45集:比特币与区块链的发展.[EB/OL].[2020-08-27].https://tech.sina.com.cn/i/2020-08-27/doc-iivhuipp0954169.shtml.

[33] 范吉立,李晓华,聂铁铮,等.区块链系统中智能合约技术综述[J].计算机科学,2019,46(11):1-10.

[34] 张晋宾,张子立,李云波.区块链:概览、国际标准及在能源领域的应用分析[J].华电技术,2020,42(8):1-10.

[35] 张夏恒,李豆豆.数字经济,跨境电商与数字贸易耦合发展研究——兼论区块链技术在三者中的应用[J].理论探讨,2020(1):115-121.

[36] 区块链演进史-知乎.https://zhuanlan.zhihu.com/p/472901948.

[37] 新浪科技. OK区块链60讲 | 第47集: 2017年"区块链革命". [EB/OL]. [2020-11-12]. https://finance.sina.com.cn/tech/2020-11-12/doc-iiznctke1020115.shtml.

[38] 新浪科技. OK区块链60讲 | 第49集: 2018年, 区块链的去泡沫化. [EB/OL]. [2020-11-26]. https://finance.sina.com.cn/tech/2020-11-26/doc-iiznctke3355698.shtml.

[39] 新浪科技. OK区块链60讲 | 第51集: 2019年巨头入场, Facebook的数字货币梦 [EB/OL]. [2020-12-10]. https://finance.sina.com.cn/tech/2020-12-10/doc-iiznezxs6146743.shtml.

[40] 新华财经·盘点 | 2020年区块链行业十件大事. [EB/OL]. [2020-12-25]. http://fintech.xinhua08.com/a/20201225/1969547.shtml?f=arank.

[41] Yang R, Wakefield R, Lyu S, et al. Public and private blockchain in construction business process and information integration [J]. Automation in construction, 2020, 118: 103276.

[42] Winch G M. Managing construction projects [M]. John Wiley & Sons, 2009.

[43] Qian X, Papadonikolaki E. Shifting trust in construction supply chains through blockchain technology [J]. Engineering, Construction and Architectural Management, 2021, 28 (2): 584-602.

[44] Lokshina I V, Greguš M, Thomas W L. Application of integrated building information modeling, IoT and blockchain technologies in system design of a smart building [J]. Procedia computer science, 2019, 160: 497-502.

[45] Tiwari A, Batra U. Blockchain Enabled Reparations in Smart Buildings-Cyber Physical System [J]. Defence Science Journal, 2021, 71 (4).

[46] 杨伟华, 汪辉, 刘武念. 区块链技术在工程项目管理中的应用构想 [J]. 建筑经济, 2020, 41 (S1): 141-143.

[47] Pal A, Nassarudin A. Integrated project delivery adoption framework for construction projects in India [C] //Proceedings of the 28th Annual Conference of the International Group for Lean Construction (IGLC28). 2020: 337-348.

[48] 刘洋, 卢梅. 基于系统动力学方法的工程项目管理 [J]. 科技管理研究, 2011, 31 (8): 183-186.

[49] Penzes B, KirNup A, Gage C, et al. Blockchain technology in the construction industry: Digital transformation for high productivity [C] //Institution of civil engineers (ICE). 2018: 55.

[50] Li J, Greenwood D, Kassem M. Blockchain in the built environment and construction industry: A systematic review, conceptual models and practical use cases [J]. Automation in construction, 2019, 102: 288-307.

[51] Ablyazov T, Petrov I. Influence of blockchain on development of interaction system of investment and construction activity participants [C] //IOP conference series: materials science and engineering. IOP Publishing, 2019, 497 (1): 012001.

[52] Hamledari H, Fischer M. Role of blockchain-enabled smart contracts in automating con-

struction progress payments [J]. Journal of legal affairs and dispute resolution in engineering and construction, 2021, 13 (1): 04520038.

[53] Dounas T, Lombardi D, Jabi W. Framework for decentralised architectural design BIM and Blockchain integration [J]. International journal of architectural computing, 2021, 19 (2): 157-173.

[54] Mason J. Intelligent contracts and the construction industry [J]. Journal of Legal Affairs and Dispute Resolution in Engineering and Construction, 2017, 9 (3): 04517012.

[55] Khanna M, Elghaish F, McIlwaine S, et al. Feasibility of implementing IPD approach for infrastructure projects in developing countries [J]. J. Inf. Technol. Constr., 2021, 26: 902-921.

[56] Lu W, Li X, Xue F, et al. Exploring smart construction objects as blockchain oracles in construction supply chain management [J]. Automation in construction, 2021, 129: 103816.

[57] Turk Ž, Klinc R. Potentials of blockchain technology for construction management [J]. Procedia engineering, 2017, 196: 638-645.

[58] Abramyan S G, Oganesyan O V. Impact of earthworks on the atmosphere during the reconstruction and overhaul of trunk pipelines [C] //IOP Conference Series: Materials Science and Engineering. IOP Publishing, 2020, 962 (4): 042057.

[59] Zheng R, Jiang J, Hao X, et al. bcBIM: A blockchain-based big data model for BIM modification audit and provenance in mobile cloud [J]. Mathematical problems in engineering, 2019.

[60] Elghaish F, Hosseini M R, Matarneh S, et al. Blockchain and the ' Internet of Things' for the construction industry: research trends and opportunities [J]. Automation in construction, 2021, 132: 103942.

[61] Kifokeris D, Koch C. A conceptual digital business model for construction logistics consultants, featuring a sociomaterial blockchain solution for integrated economic, material and information flows [J]. J. Inf. Technol. Constr., 2020, 25 (29): 500-521.

[62] Hamledari H, Fischer M. The application of blockchain-based crypto assets for integrating the physical and financial supply chains in the construction & engineering industry [J]. Automation in construction, 2021, 127: 103711.

[63] Hamledari H, Fischer M. Measuring the impact of blockchain and smart contracts on construction supply chain visibility [J]. Advanced Engineering Informatics, 2021, 50: 101444.

[64] Wang Y, Chen C H, Zghari-Sales A. Designing a blockchain enabled supply chain [J]. International Journal of Production Research, 2021, 59 (5): 1450-1475.

[65] 夏曼曼, 赵利, 赵乐萌, 等. 区块链技术的适用性对装配式建筑供应链绩效影响——基

于信任关系的中介作用［J］．建筑经济，2022，43（S1）：864-869.

［66］ Khan N，Lee D，Baek C，et al. Converging technologies for safety planning and inspection information system of portable firefighting equipment［J］．IEEE Access，2020（8）：211173-211188.

［67］ Adibfar A，Costin A，Issa R R A. Design copyright in architecture，engineering，and construction industry：Review of history，pitfalls，and lessons learned［J］．Journal of Legal Affairs and Dispute Resolution in Engineering and Construction，2020，12（3）：04520032.

［68］ Sun M，Zhang J. Research on the application of block chain big data platform in the construction of new smart city for low carbon emission and green environment［J］．Computer Communications，2020，149：332-342.

［69］ Ebekozien A，Aigbavboa C. COVID-19 recovery for the Nigerian construction sites：The role of the fourth industrial revolution technologies［J］．Sustainable Cities and Society，2021，69：102803.

［70］ Darabseh M，Martins J P. Risks and opportunities for reforming construction with blockchain：Bibliometric study［J］．2020.

［71］ Hunhevicz J J，Hall D M. Do you need a blockchain in construction? Use case categories and decision framework for DLT design options［J］．Advanced Engineering Informatics，2020，45：101094.

［72］ 人民网．全民热议"区块链"话题 打造健康舆论生态势在必行．［EB/OL］．［2019-11-06］．http：//www. cac. gov. cn/2019-11/06/c_1574572460055632. htm.

［73］ ILOT 数字货币：2020 区块链产业应用高峰论坛顺利召开．https：//www. sohu. com/a/120789401_567918.

［74］ 邓建鹏，李铖瑜．美国对虚拟货币证券性质的认定思路及启示——以 SEC 诉瑞波币为视角［J］．新疆师范大学学报（哲学社会科学版），2022，43（1）：139-148.

［75］ 刘凌旗，陈虹，秦浩．国外区块链发展战略及其在国防供应链领域的应用［J］．战术导弹技术，2022（2）：113-119.

［76］ 蒋红波 & 刘小华．（2021）．区块链在美国支付场景中的应用．中国金融（23），94-95.

［77］ 美国国会成立区块链决策委员会-行业动态-区块链资讯，区块链技术交流平台-ABChains http：//www. abchains. com/index. php? a＝show&c＝index&catid＝11&id＝36&m＝content.

［78］ 皮六一，薛中文．加密资产交易监管安排及国际实践［J］．证券市场导报，2019，（7）：4-12.

［79］ 赵忠秀，刘恒．数字货币、贸易结算创新与国际货币体系改善［J］．经济与管理评论，2021，37（3）：44-57.

［80］ 刘新，曾立，肖湘江．美国《关键和新兴技术国家战略》述评［J］．情报杂志，2021，

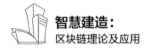

40（5）：26-33.

[81] 最全汇总！各国对待区块链的态度及政策_网易订阅. https：//www. 163. com/dy/article/F0HLQDB00538ALM2. html.

[82] 俄罗斯区块链最新政策汇总. http：//www. lianmenhu. com/blockchain-15671-7.

[83] 寇佳丽，黄芳芳. 区块链应正本清源［J］. 经济，2018（8）：43-49.

[84] 袁达松，罗琴. 元宇宙中数字货币的包容性法律规制［J］. 重庆邮电大学学报（社会科学版），2023，35（3）：38-46.

[85] 德国区块链最新政策汇总. http：//www. lianmenhu. com/blockchain-15671-9.

[86] 程如烟，孙浩林. 主要经济体支持颠覆性技术创新的政策措施研究［J］. 情报学报，2021，40（12）：1263-1270.

[87] 陈蕾，周艳秋. 区块链发展态势、安全风险防范与顶层制度设计［J］. 改革，2020（6）：44-57.

[88] 最全汇总！各国对待区块链的态度及政策_手机搜狐网. https：//m. sohu. com/a/360753042_120388948/.

[89] 泰国区块链最新政策汇总. http：//www. lianmenhu. com/blockchain-15671-6.

[90] Federal Ministry of Finance. ［EB/OL］. ［2022］. https：//www. bundesfinanzministerium. de/Content/EN/Standardartikel/Topics/Financial_markets/Articles/2019-09-18-Blockchain.

[91] Toshendra Kumar Sharma. Top 10 Countries Leading Blockchain Technology In The World ［EB/OL］. ［2022-12-16］. https：//www. blockchain-council. org/blockchain/top-10-countries-leading-blockchain-technology-in-the-world/.

[92] Dinis Guarda. How Governments Are Adopting Blockchain and AI In Advanced Economies Part 2 ［EB/OL］. ［2022］. https：//www. intelligenthq. com/how-governments-are-adopting-blockchain-and-ai-in-advanced-economies-part-2.

[93] UDENRIGSMINISTERIET Official Website. https：//um. dk/en/news/newsdisplaypage/? newsID=EB2A6E2C-B30E-4808-943B-31D1434B07C1.

[94] Josias Dewey, Holland & Knight LLP. Blockchain & Cryptocurrency Laws and Regulations 2023 | Covers law in 50 chapters ［EB/OL］. ［2022-10-27］. https：//www. globallegalinsights. com/practice-areas/blockchain-laws-and-regulations/norwa.

[95] Official Website of the International Trade Administration. Spain Blockchain Technology ［EB/OL］. ［2018-08-23］. https：//www. trade. gov/market-intelligence/spain-blockchain-technology.

[96] https：//platoblockchain. net/11-of-business-in-spain-use-blockchain-technology-report/.

[97] Ministry of Electronics & Information Technology, Government of India. Draft of National Strategy on Blockchain ［EB/OL］. ［2021-01］. https：//www. meity. gov. in/content/draft-national-strategy-blockchain.

[98] https：//blockchain. news/news/argentina-enacts-new-tax-policy-for-crypto-transaction.

[99] 谢媛，陈守东. 经济学视域下国际知识溢出研究脉络梳理——基于HistCite引文可视化工具[J]. 情报科学，2020，38（11）：155-161.

[100] 薛小龙，王玉娜，张季超，等. 建筑工业化创新发展路径——基于大数据的全景式分析[M]. 北京：中国建筑工业出版社，2020.

[101] 马瑞敏. 学术期刊影响力评价研究——基于历时视角的新实践[J]. 中国科技期刊研究，2014，25（11）：1397.

[102] 薛小龙，付怡静，王玉娜，等. 基于文献计量的建筑业区块链研究态势分析[J]. 建筑经济，2023，44（7）：23-29.

[103] Ashworth A，Perera S. Cost studies of buildings[M]. Routledge，2015.

[104] Perera S，Nanayakkara S，Rodrigo M N N，et al. Blockchain technology：Is it hype or real in the construction industry?[J]. Journal of industrial information integration，2020，17：100125.

[105] Scott D J，Broyd T，Ma L. Exploratory literature review of blockchain in the construction industry[J]. Automation in construction，2021，132：103914.

[106] 斐艺. 斐艺链——全球第一个建筑行业区块链应用平台低调上线[EB/OL]. [2018-08-21]. https://www.sohu.com/a/249196900_630385.

[107] 四川省国资委，国务院国有资产监督管理委员会. 华西集团打造行业首个"建造云+区块链"融合平台[EB/OL]. [2020-04-15]. http://www.sasac.gov.cn/n2588025/n2588129/c14345819/content.html.

[108] 百年上海啤酒厂改造：区块链赋能建筑业"第一单"落地_中国建筑学会. https://www.sohu.com/a/406098558_120244154?_trans_=000014_bdss_dklgqxj.

[109] BitRent，让全球房地产投融资变得简单_凤凰资讯. https://news.ifeng.com/a/20171129/53700351_0.shtml.

[110] 金斗云辉完成4000万元战略投资，推动智能管理平台赋能建设行业_创投. https://www.sohu.com/a/422340915_120094924.

[111] 区块链技术落地雄安新区 工程项目实现"穿透式"管理-中国雄安官网. http://www.xiongan.gov.cn/2018-07/31/c_129923960.htm.

[112] 招商银行首个基于区块链的产业互联网项目在济南上线启动_平台. https://www.sohu.com/a/278167562_571104.

[113] 深圳市建信筑和科技"区块链+建筑行业"应用获CMMI全球认证！_软件. https://www.sohu.com/a/428882498_120780597.

[114] 区块链助力智能建造—腾讯云发布全球首个混凝土区块链平台_区块链_中国IDC圈. http://blockchain.idcquan.com/174090.shtml.

[115] 雄安新区工地工程监理用上区块链. https://baijiahao.baidu.com/s?id=1672431165602787728.

[116] 落地！QuarkChain环境治理区块链平台将用于国内建筑资源管理和交易-知乎. https://zhuanlan.zhihu.com/p/157557000.

[117] Pradeep A S E, Amor R, Yiu T W. Blockchain improving trust in BIM data exchange: a case study on BIMChain [C] //Construction Research Congress 2020. Reston, VA: American Society of Civil Engineers, 2020: 1174-1183.

[118] Gueguen, A., and Haloche, M. (2018). "BIMchain.io." <https://bimchain.io/>. (27/07/2019). Hofmeister, C. (2000). Applied software architecture, Addison-Wesley.

[119] 华为区块链技术开发团队. 区块链技术及应用（第2版）[M]. 北京: 清华大学出版社, 2021.

[120] 赵华伟, 等. 区块链金融 [M]. 北京: 清华大学出版社, 2020.

[121] Kamble S, Gunasekaran A, Arha H. Understanding the Blockchain technology adoption in supply chains-Indian context [J]. International Journal of Production Research, 2019, 57 (7): 2009-2033.

[122] Koutmos D. Market risk and Bitcoin returns [J]. Annals of Operations Research, 2020, 294 (1): 453-477.

[123] 百度百科. 管理创新. [EB/OL]. [2023-02-12]. https://baike.baidu.com/item/%E7%AE%A1%E7%90%86%E5%88%9B%E6%96%B0/80776?fr=aladdin.

[124] 周乐. 区块链技术在工程管理中的应用 [J]. 中国招标, 2018 (24): 14-16.

[125] 杨玮. 建筑业信息化发展规划与探索 [J]. 中国勘察设计, 2019 (9): 60-62.

[126] 张仲华, 王静贻, 张孙雯, 等. 区块链技术在建筑工程领域中的应用研究 [J]. 施工技术, 2020, 49 (6): 1-5.

[127] 曹文岩, 李明柱, 王婉, 等. 区块链与施工管理相结合的应用展望 [J]. 现代商贸工业, 2019, 40 (18): 91-92.

[128] 王翌飞. 政府管理视角下区块链技术在工程建设行业中的应用场景研究 [J]. 住宅与房地产, 2020 (20): 37-45.

[129] 林宗昭. 厦门市电子投标保函系统的建设与应用 [J]. 建筑经济, 2020, 41 (12): 109-112.

[130] 曹嘉明, 雷李坤. 区块链技术在建设工程项目管理的首次尝试 [J]. 建筑实践, 2020 (9): 30-41.

[131] 刘喆, 白洁. 区块链在装配式建筑供应链信息流中的应用研究 [J]. 安徽建筑, 2020, 27 (10): 124-126.

[132] 陈茂林. 基于区块链技术的工程项目供应链管理新模式研究 [J]. 河南科技, 2018, (22): 10-12.

[133] 马良. 浅谈区块链结合BIM对工程建设的影响与发展 [J]. 建筑施工, 2019, 41 (10): 1955-1957.

[134] 段丹宁. 国内首个混凝土质量区块链平台在深圳宝安上线 [J]. 住宅与房地产, 2020 (2): 15-16.

[135] Yoon J H, Pishdad-Bozorgi P. State-of-the-art review of blockchain-enabled construction

supply chain [J]. Journal of construction engineering and management,2022,148(2):03121008.

[136] 李锋. 工程总承包模式下建筑企业核心竞争力的构建 [J]. 建筑经济,2021,42(S1):163-166.

[137] 朱雅菊. 区块链技术在建筑行业的应用场景展望 [J]. 工程经济,2018,28(6):45-47.

[138] 袁小茜,张东林,胡绍兰,等. 浅谈区块链在成本管理中的应用 [J]. 河北建筑工程学院学报,2020,38(3):125-128.

[139] 李丽. 试论区块链技术在工程造价审计中的应用前景 [J]. 建筑经济,2020,41(6):80-83.

[140] 毛超,苏涛. 基于区块链的建设项目数据穿透机制研究 [J]. 建筑经济,2021,42(3):32-36.

[141] 高鹏举. 5G时代区块链技术在建筑工程资料管理中的应用研究 [J]. 工程质量,2020,38(12):82-85.

[142] 张向东,刘海超,姚琦敏,等. 区块链技术在工程项目管理中的应用前景 [J]. 化学工程与装备,2019(10):346-349.

[143] 梅松,蒋丹,楼皓光,等. 区块链技术在建筑工程领域的应用研究 [J]. 建筑经济,2019,40(11):5-8.

[144] 严振亚. 基于区块链技术的P2P信贷创新应用 [J]. 技术经济与管理研究,2019,(10):89-94.

[145] 王群,李馥娟,倪雪莉,等. 区块链隐私威胁及保护机制研究 [J/OL]. 计算机工程,1-28 [2024-03-10]. https://doi.org/10.19678/j.issn.1000-3428.0064343.

[146] 刘格昌,李强. 基于可搜索加密的区块链数据隐私保护机制 [J]. 计算机应用,2019,39(S2):140-146.

[147] 杨丕一. 新型的门限加密与签名方案的研究 [D]. 上海:上海交通大学,2009.

[148] 龚鸣. 区块链社会:解码区块链全球应用与投资案例 [M]. 北京:中信出版社,2016.

[149] 工业区块链(DIPNET)社区. 工业区块链:工业互联网时代的商业模式变革 [M]. 北京:机械工业出版社,2019.

[150] 白话区块链. 区块链入门 | 区块链不可篡改的重要条件之一:时间戳 [EB/OL]. [2019-12-03]. http://www.coinvoice.cn/articles/937.

[151] 汤骏. 以太坊智能合约技术在建设工程施工合同中的应用 [J]. 长江工程职业技术学院学报,2021,38(1):10-14.

[152] 技术专栏 | 两万字深度长文!从原理到趋势 解剖风口上的区块链技术_人工智能学家的博客-CSDN博客. https://blog.csdn.net/cf2SudS8x8F0v/article/details/79283093.

[153] 李赫,孙继飞,杨泳,等. 基于区块链2.0的以太坊初探 [J]. 中国金融电脑,2017(6):57-60.

[154] 负天一. 区块链项目落地3.0时代即将开启 [J]. 中国战略新兴产业, 2017 (33): 68-69.

[155] 张睿蓉, 牛保宁, 樊星. 面向多重属性的区块链去中心化程度度量模型 [J/OL]. 计算机科学, 1-11 [2024-03-10]. http://kns.cnki.net/kcms/detail/50.1075.TP.20230925.1239.072.html.

[156] Pilkington M, Lee J H. How the Blockchain Revolution Will Reshape the Consumer Electronics Industry [J]. Available at SSRN 2921744, 2017.

[157] 图片来源: 区块链技术公司谈拜占庭容错算法之一_手机搜狐网. https://m.sohu.com/a/236800770_100158575?010004_wapwxfzlj.

[158] 图片来源: [Fabric/源码分析] Order 服务原理浅析 (v1.0) -简书. https://www.jianshu.com/p/bd00f24a4771.

[159] 张轻. 浅析计算机网络系统安全与防护技术 [J]. 计算机光盘软件与应用, 2012 (11): 79, 81.

[160] 图片来源: Hyperledger Fabric 架构详解-简书. https://www.jianshu.com/p/f7bbd00a6169.